Karl Marx

Enthüllungen über den Kommunisten-Prozess zu Köln

Karl Marx

Enthüllungen über den Kommunisten-Prozess zu Köln

ISBN/EAN: 9783743697546

Hergestellt in Europa, USA, Kanada, Australien, Japan

Cover: Foto ©Suzi / pixelio.de

Weitere Bücher finden Sie auf **www.hansebooks.com**

Sozialdemokratische Bibliothek.

IV.

Enthüllungen

über den

Kommunisten-Prozeß zu Köln

von

Karl Marx.

Neuer Abdruck, mit Einleitung von Friedrich Engels, und Dokumenten.

Hottingen-Zürich.
Verlag der Volksbuchhandlung.
1885.

Inhalt:

Zur Geschichte des Bundes der Kommunisten, von Fr. Engels.

Enthüllungen über den Kommunisten-Prozeß zu Köln, von Karl Marx.

    I. Vorläufiges.
   II. Das Archiv Dietz.
  III. Das Komplott Cherval.
  LV. Das Original-Protokollbuch.
    V. Das Begleitschreiben des rothen Katechismus.
  VI. Die Fraktion Willich-Schapper.
 VII. Das Urtheil.
VIII. Nachtrag aus der Leipziger Auflage von 1875.
      1) Beilage 4 zu „Herr Vogt", von Karl Marx. Vom von 1875.
      2) Nachwort von Marx.
  IX. Anhang.
      1) Ansprache der Zentralbehörde an den Bund vom März 1850.
      2) Ansprache derselben Zentralbehörde an den Bund vom Juni 1850.

Zur Geschichte des „Bundes der Kommunisten."

Mit der Verurtheilung der Kölner Kommunisten 1852 fällt der Vorhang über die erste Periode der deutschen selbständigen Arbeiterbewegung. Diese Periode ist heute fast vergessen. Und doch währte sie von 1836—52 und die Bewegung spielte, bei der Verbreitung der deutschen Arbeiter im Ausland, in fast allen Kulturländern. Und damit nicht genug. Die heutige internationale Arbeiterbewegung ist der Sache nach eine direkte Fortsetzung der damaligen deutschen, welche die e r ste internationale Arbeiterbewegung überhaupt war, und aus der viele der Leute hervorgingen, die in der Internationalen Arbeiter-Assoziation die leitende Rolle übernahmen. Und die theoretischen Grundsätze, die der Bund der Kommunisten im „Kommunistischen Manifest" von 1847 auf die Fahne schrieb, bilden heute das stärkste internationale Bindemittel der gesammten proletarischen Bewegung Europas wie Amerikas.

Bis jetzt gibt es für die zusammenhängende Geschichte jener Bewegung nur eine Hauptquelle. Es ist das sogenannte schwarze Buch: „Die Kommunisten-Verschwörungen des 19. Jahrhunderts. Von Wermuth und Stieber." Berlin. 2 Theile, 1853 und 54. Dies von zwei der elendesten Polizeilumpen unsres Jahrhunderts zusammengelogne, von absichtlichen Fälschungen strotzende Machwerk dient noch heute allen nichtkommunistischen Schriften über jene Zeit als letzte Quelle.

Was ich hier geben kann, ist nur eine Skizze, und auch diese nur, soweit der Bund selbst in Betracht kommt; nur das zum Verständniß der „Enthüllungen" absolut Nothwendige. Es wird mir hoffentlich noch vergönnt sein, das von Marx und mir gesammelte reichhaltige Material zur Geschichte jener ruhmvollen Jugendzeit der internationalen Arbeiterbewegung einmal zu verarbeiten.

Aus dem im Jahr 1834 in Paris von deutschen Flüchtlingen gestifteten demokratisch-republikanischen Geheimbund der „Geächteten" sonderten sich 1836 die extremsten, meist proletarischen Elemente aus und bildeten den neuen geheimen „B u n d d e r G e r e c h t e n." Der Mutterbund, worin nur die schlafmützigsten Elemente à la Jakobus Venedey zurückgeblieben, schlief bald ganz ein: als die Polizei 1840 einige

Sektionen in Deutschland aufschnüffelte, war er kaum noch ein Schatten. Der neue Bund dagegen entwickelte sich verhältnißmäßig rasch. Ursprünglich war er ein deutscher Ableger des, an babouvistische Erinnerungen anknüpfenden, französischen Arbeiterkommunismus, der sich um dieselbe Zeit in Paris ausbildete; die Gütergemeinschaft wurde gefordert als nothwendige Folgerung der „Gleichheit". Die Zwecke waren die der gleichzeitigen Pariser geheimen Gesellschaften: halb Propagandaverein, halb Verschwörung, wobei jedoch Paris immer als Mittelpunkt der revolutionären Aktion galt, obgleich die Vorbereitung gelegentlicher Putsche in Deutschland keineswegs ausgeschlossen war. Da aber Paris das entscheidende Schlachtfeld blieb, war der Bund damals thatsächlich nicht viel mehr als der deutsche Zweig der französischen geheimen Gesellschaften, namentlich der von Blanqui und Barbès geleiteten Société des saisons, mit der enger Zusammenhang bestand. Die Franzosen schlugen los am 12. Mai 1839; die Sektionen des Bundes marschirten mit und wurden so in die gemeinsame Niederlage verwickelt.

Von den Deutschen waren namentlich Karl Schapper und Heinrich Bauer ergriffen worden; die Regierung Louis Philipp's begnügte sich damit, sie nach längerer Haft auszuweisen. Beide gingen nach London. Schapper aus Weilburg in Nassau, als Student der Forstwissenschaft in Gießen 1832 Mitglied der von Georg Büchner gestifteten Verschwörung, machte am 3. April 1833 den Sturm auf die Frankfurter Konstablerwache mit, entkam ins Ausland und betheiligte sich im Februar 1834 an Mazzini's Zug nach Savoyen. Ein Hüne von Gestalt, resolut und energisch, stets bereit, bürgerliche Existenz und Leben in die Schanze zu schlagen, war er das Musterbild des Revolutionärs von Profession, wie er in den dreißiger Jahren eine Rolle spielte. Bei einer gewissen Schwerfälligkeit des Denkens war er keineswegs besserer theoretischer Einsicht unzugänglich, wie schon seine Entwicklung vom „Demagogen" zum Kommunisten beweist, und hielt dann um so starrer am einmal Erkannten. Ebendeßhalb ging seine revolutionäre Leidenschaft zuweilen mit seinem Verstande durch; aber er hat stets seinen Fehler nachher eingesehn und offen bekannt. Er war ein ganzer Mann, und was er zur Begründung der deutschen Arbeiterbewegung gethan, bleibt unvergeßlich.

Heinrich Bauer aus Franken war Schuhmacher; ein lebhaftes, aufgewecktes, witziges Männchen, in dessen kleinem Körper aber ebenfalls viel Schlauheit und Entschlossenheit steckte.

In London angekommen, wo Schapper, der in Paris Schriftsetzer gewesen, nun als Sprachlehrer seinen Unterhalt suchte, knüpften beide die abgerissenen Bundesfäden wieder zusammen und machten nun London zum Zentrum des Bundes. Zu ihnen gesellte sich hier, wenn nicht schon früher in Paris, Joseph Moll, Uhrmacher aus Köln, ein mittelgroßer Herkules — er und Schapper haben, wie oft! eine Saalthüre gegen Hunderte andringender Gegner siegreich behauptet — ein Mann, der seinen beiden Genossen an Energie und Entschlossenheit mindestens gleichkam, sie aber geistig beide übertraf. Nicht nur daß er geborner Diplomat war, wie die Erfolge seiner zahlreichen Missionsreisen bewiesen; er war auch theoretischer Einsicht leichter zugänglich. Ich lernte sie alle drei 1843 in London kennen; es waren die ersten revolutionären Proletarier, die ich sah; und soweit auch im Einzelnen damals unsre An-

fichten auseinandergingen — denn ich trug ihrem bornirten Gleichheits-
kommunismus*) damals noch ein gut Stück ebenso bornirten philoso-
phischen Hochmuths entgegen — so werde ich doch nie den imponirenden
Eindruck vergessen, den diese drei wirklichen Männer auf mich machten,
der ich damals eben erst ein Mann werden wollte.

In London, wie in geringerm Maße in der Schweiz, kam ihnen die
Vereins- und Versammlungsfreiheit zu gut. Schon am 7. Februar 1840
wurde der öffentliche deutsche Arbeiter-Bildungsverein gestiftet, der heute
noch besteht. Dieser Verein diente dem Bund als Werbebezirk neuer
Mitglieder, und da, wie immer, die Kommunisten die thätigsten und
intelligentesten Vereinsmitglieder waren, verstand es sich von selbst, daß
seine Leitung ganz in den Händen des Bundes lag. Der Bund hatte
bald mehrere Gemeinden, oder wie sie damals noch hießen, „Hütten"
in London. Dieselbe auf der Hand liegende Taktik wurde in der Schweiz
und anderswo befolgt. Wo man Arbeitervereine gründen konnte, wurden
sie in derselben Weise benutzt. Wo die Gesetze dies verboten, ging man
in Gesangvereine, Turnvereine u. dgl. Die Verbindung wurde großentheils
durch die fortwährend ab- und zureisenden Mitglieder aufrecht erhalten,
die auch, wo erforderlich, als Emissäre fungirten. In beiden Hinsichten
wurde der Bund lebhaft unterstützt durch die Weisheit der Regierungen,
die jeden mißliebigen Arbeiter — und das war in neun Fällen aus
zehn ein Bundesglied — durch Ausweisung in einen Emissär ver-
wandelten.

Die Ausbreitung des wiederhergestellten Bundes war eine bedeutende.
Namentlich in der Schweiz hatten **Weitling**, **August Becker** (ein
höchst bedeutender Kopf, der aber an innerer Haltlosigkeit zu Grunde
ging wie so viele Deutsche) und Andre eine starke, mehr oder weniger
auf Weitling's kommunistisches System vereidigte Organisation geschaffen.
Es ist hier nicht der Ort, den Weitling'schen Kommunismus zu kritisiren.
Aber für seine Bedeutung als erste selbständige theoretische Regung des
deutschen Proletariats unterschreibe ich noch heute Marx' Worte im
Pariser „Vorwärts" von 1844: „Wo hätte die (deutsche) Bourgeoisie
— ihre Philosophen und Schriftgelehrten eingerechnet — ein ähnliches
Werk wie Weitling's „Garantien der Harmonie und Freiheit" **in Bezug auf die Emanzipation der Bourgeoisie — die
politische Emanzipation** — aufzuweisen? Vergleicht man die nüchterne,
kleinlaute Mittelmäßigkeit der deutschen politischen Literatur mit diesem
maßlosen und brillanten Debüt der deutschen Arbeiter; vergleicht man
diese **riesenhaften Kinderschuhe des Proletariats** mit
der Zwerghaftigkeit der ausgetretenen politischen Schuhe der Bourgeoisie,
so muß man dem Aschenbrödel eine Athletengestalt prophezeien." Diese
Athletengestalt steht heute vor uns, obwohl noch lange nicht ausge-
wachsen.

Auch in Deutschland bestanden zahlreiche Sektionen, der Natur der
Sache nach von vergänglicherer Natur; aber die entstehenden wogen die

---

*) Unter Gleichheitskommunismus verstehe ich wie gesagt lediglich
den Kommunismus, der sich ausschließlich oder vorwiegend auf die
Gleichheitsforderung stützt.

eingehenden mehr als auf. Die Polizei entdeckte erst nach sieben Jahren, Ende 1846, in Berlin (Mentel) und Magdeburg (Beck) eine Spur des Bundes, ohne im Stande zu sein, sie weiter zu verfolgen.

In Paris hatte der, noch 1840 dort befindliche, Weitling ebenfalls die zersprengten Elemente wieder gesammelt, ehe er in die Schweiz ging.

Die Kerntruppe des Bundes waren die Schneider. Deutsche Schneider waren überall, in der Schweiz, in London, in Paris. In letzterer Stadt war das Deutsche so sehr herrschende Sprache des Geschäftszweigs, daß ich 1846 dort einen norwegischen, direkt zur See von Drontheim nach Frankreich gefahrenen Schneider kannte, der während 18 Monaten fast kein Wort französisch, aber vortrefflich deutsch gelernt hatte. Von den Pariser Gemeinden bestanden 1847 zwei vorwiegend aus Schneidern, eine aus Möbelschreinern.

Seit der Schwerpunkt von Paris nach London verlegt, trat ein neues Moment in den Vordergrund: der Bund wurde, aus einem deutschen, allmälig ein **internationaler**. Im Arbeiterverein fanden sich außer Deutschen und Schweizern auch Mitglieder aller jener Nationalitäten ein, denen die deutsche Sprache vorwiegend als Verständigungsmittel mit Ausländern diente, also namentlich Skandinavier, Holländer, Ungarn, Tschechen, Südslaven, auch Russen und Elsässer. 1847 war unter andern auch ein englischer Gardegrenadier in Uniform regelmäßiger Stammgast. Der Verein nannte sich bald: **Kommunistischer Arbeiter-Bildungsverein**, und auf den Mitgliedskarten stand der Satz: „Alle Menschen sind Brüder," in wenigstens zwanzig Sprachen, wenn auch hie und da nicht ohne Sprachfehler. Wie der öffentliche Verein, so nahm auch der geheime Bund bald einen mehr internationalen Charakter an; zunächst noch in einem beschränkten Sinn, praktisch durch die verschiedene Nationalität der Mitglieder, theoretisch durch die Einsicht, daß jede Revolution, um siegreich zu sein, europäisch sein müsse. Weiter ging man noch nicht; aber die Grundlage war gegeben.

Mit den französischen Revolutionären hielt man durch die Londoner Flüchtlinge, die Kampfgenossen vom 12. Mai 1839, enge Verbindung. Desgleichen mit den radikaleren Polen. Die offizielle polnische Emigration, wie auch Mazzini, waren selbstverständlich mehr Gegner als Bundesgenossen. Die englischen Chartisten wurden wegen des spezifisch englischen Charakters ihrer Bewegung, als unrevolutionär bei Seite gelassen. Mit ihnen kamen die Londoner Leiter des Bundes erst später durch mich in Verbindung.

Auch sonst hatte sich der Charakter des Bundes mit den Ereignissen geändert. Obwohl man noch immer — und damals mit vollem Recht — auf Paris als die revolutionäre Mutterstadt blickte, war man doch aus der Abhängigkeit von den Pariser Verschwörern herausgekommen. Die Ausbreitung des Bundes hob sein Selbstbewußtsein. Man fühlte, daß man in der deutschen Arbeiterklasse mehr und mehr Wurzel faßte, und daß diese deutschen Arbeiter geschichtlich berufen seien, den Arbeitern des europäischen Nordens und Ostens die Fahne voranzutragen. Man hatte in Weitling einen kommunistischen Theoretiker, dem man seinen damaligen französischen Konkurrenten kühn an die Seite setzen durfte. Endlich war man durch die Erfahrung vom 12. Mai belehrt worden, daß es mit den Putschversuchen vor der Hand nichts mehr sei. Und wenn man auch fortfuhr, jedes Ereigniß sich als Anzeichen des hereinbrechenden Sturms auszulegen, wenn man die alten, halb konspiratorischen Statuten im Ganzen aufrecht hielt, so war das mehr die Schuld des alten revolutionären Trotzes, der schon anfing, mit der sich aufdringenden bessern Einsicht in Kollision zu kommen.

Dagegen hatte die gesellschaftliche Doktrin des Bundes, so unbestimmt sie war, einen sehr großen, aber in den Verhältnissen selbst begründeten Fehler. Die Mitglieder, soweit sie überhaupt Arbeiter, waren fast ausschließlich eigentliche Handwerker. Der Mann, der sie ausbeutete, war selbst in den großen Weltstädten meist nur ein kleiner Meister. Die Ausbeutung selbst der Schneiderei auf großem Fuß, der jetzt sogenannten Konfektion, durch Verwandlung des Schneiderhandwerks in Hausindustrie für Rechnung eines großen Kapitalisten, war damals sogar in London erst im Aufkeimen. Einerseits war der Ausbeuter dieser Handwerker ein kleiner Meister, andrerseits hofften sie alle schließlich selbst kleine Meister zu werden. Und dabei klebten dem damaligen deutschen Handwerker noch eine Masse vererbter Zunftvorstellungen an. Es gereicht ihnen zur höchsten Ehre, daß sie, die selbst noch nicht einmal vollgültige Proletarier waren, sondern nur ein im Uebergang ins moderne Proletariat begriffener Anhang des Kleinbürgerthums, der noch nicht in direktem Gegensatz gegen die Bourgeoisie, d. h. das große Kapital, stand — daß diese Handwerker im Stande waren, ihre künftige Entwicklung instinktiv zu antizipiren und, wenn auch noch nicht mit vollem Bewußtsein, sich als Partei des Proletariats zu konstituiren. Aber es war auch unvermeidlich, daß ihre alten Handwerkervorurtheile ihnen jeden Augenblick ein Bein stellten, sobald es darauf ankam, die bestehende Gesellschaft im Einzelnen zu kritisiren, d. h. ökonomische Thatsachen zu untersuchen. Und ich glaube nicht, daß im ganzen Bund damals ein einziger Mann war, der je ein Buch über Oekonomie gelesen hatte. Das verschlug aber wenig; die „Gleichheit", die „Brüderlichkeit" und die „Gerechtigkeit" halfen einstweilen über jeden theoretischen Berg.

Inzwischen hatte sich neben dem Kommunismus des Bundes und Weitlings ein zweiter, wesentlich verschiedner herausgebildet. Ich war in Manchester mit der Nase darauf gestoßen worden, daß die ökonomischen Thatsachen, die in der bisherigen Geschichtschreibung gar keine oder nur eine verachtete Rolle spielen, wenigstens in der modernen Welt eine entscheidende geschichtliche Macht sind; daß sie die Grundlage bilden für die Entstehung der heutigen Klassengegensätze; daß diese Klassengegensätze in den Ländern, wo sie vermöge der großen Industrie sich voll entwickelt haben, also namentlich in England, wieder die Grundlage der politischen Parteibildung, der Parteikämpfe, und damit der gesammten politischen Geschichte sind. Marx war nicht nur zu derselben Ansicht gekommen, sondern hatte sie auch schon in den deutsch-französischen Jahrbüchern (1844) dahin verallgemeinert, daß überhaupt nicht der Staat die bürgerliche Gesellschaft, sondern die bürgerliche Gesellschaft den Staat bedingt und regelt, daß also die Politik und ihre Geschichte aus den ökonomischen Verhältnissen und ihrer Entwicklung zu erklären ist, nicht umgekehrt. Als ich Marx im Sommer 1844 in Paris besuchte, stellte sich unsere vollständige Uebereinstimmung auf allen theoretischen Gebieten heraus, und von da an datirt unsre gemeinsame Arbeit. Als wir im

Frühjahr 1845 in Brüssel wieder zusammen kamen, hatte Marx aus den obigen Grundlagen schon seine materialistische Geschichtstheorie in den Hauptzügen fertig herausentwickelt, und wir setzten uns nun daran, die neugewonnene Anschauungsweise nach den verschiedensten Richtungen hin im Einzelnen auszuarbeiten.

Diese, die Geschichtswissenschaft umwälzende Entdeckung, die, wie man sieht, wesentlich das Werk von Marx ist und an der ich mir nur einen sehr geringen Antheil zuschreiben kann, war aber von unmittelbarer Wichtigkeit für die gleichzeitige Arbeiterbewegung. Kommunismus bei Franzosen und Deutschen, Chartismus bei den Engländern, erschien nun nicht mehr als etwas Zufälliges, das ebenso gut auch hätte nicht da sein können. Diese Bewegungen stellten sich nun dar als eine Bewegung der modernen unterdrückten Klasse, des Proletariats, als mehr oder minder entwickelte Formen ihres geschichtlich nothwendigen Kampfs gegen die herrschende Klasse, die Bourgeoisie; als Formen des Klassenkampfs, aber unterschieben von allen früheren Klassenkämpfen durch dies Eine: daß die heutige unterdrückte Klasse, das Proletariat, seine Emanzipation nicht durchführen kann ohne gleichzeitig die ganze Gesellschaft von der Scheidung in Klassen und damit von den Klassenkämpfen zu emanzipiren. Und Kommunismus hieß nun nicht mehr: Aushecknng, vermittelst der Phantasie, eines möglichst vollkommenen Gesellschaftsideals, sondern: Einsicht in die Natur, die Bedingungen und die daraus sich ergebenden allgemeinen Ziele des vom Proletariat geführten Kampfs.

Wir waren nun keineswegs der Absicht, die neuen wissenschaftlichen Resultate in dicken Büchern ausschließlich der „gelehrten" Welt zuzuflüstern. Im Gegentheil. Wir saßen beide schon tief in der politischen Bewegung, hatten unter der gebildeten Welt, namentlich Westdeutschlands, einen gewissen Anhang, und reichliche Fühlung mit dem organisirten Proletariat. Wir waren verpflichtet, unsre Ansicht wissenschaftlich zu begründen; ebenso wichtig aber war es auch für uns, das europäische und zunächst das deutsche Proletariat für unsere Ueberzeugung zu gewinnen. Sobald wir erst mit uns selbst im Reinen, gings an die Arbeit. In Brüssel stifteten wir einen deutschen Arbeiterverein und bemächtigten uns der „Deutschen Brüsseler Zeitung", in der wir bis zur Februarrevolution ein Organ hatten. Mit dem revolutionären Theil der englischen Chartisten verkehrten wir durch Julian Harney, den Redakteur des Centralorgans der Bewegung, „The Northern Star", dessen Mitarbeiter ich war. Ebenso standen wir in einer Art Kartell mit den Brüsseler Demokraten (Marx war Vizepräsident der demokratischen Gesellschaft) und den französischen Sozialdemokraten von der „Réforme", der ich Nachrichten über die englische und deutsche Bewegung lieferte. Kurz, unsre Verbindungen mit den radikalen und proletarischen Organisationen und Preßorganen waren ganz nach Wunsch.

Mit dem Bund der Gerechten standen wir folgendermaßen. Die Existenz des Bundes war uns natürlich bekannt; 1843 hatte mir Schapper den Eintritt angetragen, den ich damals selbstrebend ablehnte. Wir blieben aber nicht nur mit den Londonern in fortwährender Korrespondenz, sondern in noch engerm Verkehr mit Dr. Everbeck, dem jetzigen Leiter der Pariser Gemeinden. Ohne uns um die innern Bundesangelegenheiten zu kümmern, erfuhren wir doch von jedem wichtigen Vorgang.

Andrerseits wirkten wir mündlich, brieflich und durch die Presse auf die theoretischen Ansichten der bedeutendsten Bundesmitglieder ein. Hierzu dienten auch verschiedne lithographirte Zirkulare, die wir bei besondern Gelegenheiten, wo es sich um Interna der sich bildenden kommunistischen Partei handelte, an unsre Freunde und Korrespondenten in die Welt sandten. Bei diesen kam der Bund zuweilen selbst ins Spiel. So war ein junger westfälischer Studiosus Hermann Kriege, der nach Amerika ging, dort als Bundesemissär aufgetreten, hatte sich mit dem verrückten Harro Harring assozirt, um vermittelst des Bundes Südamerika aus den Angeln zu heben, und hatte ein Blatt gegründet, worin er einen auf „Liebe" beruhenden, von Liebe überfließenden, überschwänglichen Kommunismus der Liebesduselei im Namen des Bundes predigte. Hiergegen fuhren wir los in einem Zirkular, das seine Wirkung nicht verfehlte. Kriege verschwand von der Bundesbühne.

Später kam Weitling nach Brüssel. Aber er war nicht mehr der naive junge Schneidergeselle, der, über seine eigene Begabung erstaunt, sich klar darüber zu werden sucht, wie denn eine kommunistische Gesellschaft wohl aussehen möge. Er war der wegen seiner Ueberlegenheit von Neidern verfolgte große Mann, der überall Rivalen, heimliche Feinde, Fallstricke witterte; der von Land zu Land gehetzte Prophet, der ein Rezept zur Verwirklichung des Himmels auf Erden fertig in der Tasche trug und sich einbildete, jeder gehe darauf aus es ihm zu stehlen. Er hatte sich in London schon mit den Leuten des Bundes überworfen, und auch in Brüssel, wo besonders Marx und seine Frau ihm mit fast übermenschlicher Geduld entgegenkamen, konnte er mit niemand auskommen. So ging er bald darauf nach Amerika, um es dort mit dem Prophetenthum zu versuchen.

Alle diese Umstände trugen bei zu der stillen Umwälzung, die sich im Bund und namentlich unter den Londoner Leitern vollzog. Die Unzulänglichkeit der bisherigen Auffassung des Kommunismus, sowohl des französischen einfachen Gleichheitskommunismus wie des Weitling'schen, wurde ihnen mehr und mehr klar. Die von Weitling eingeleitete Zurückführung des Kommunismus auf das Urchristenthum — so geniale Einzelheiten sich in seinem „Evangelium der armen Sünder" finden — hatte in der Schweiz dahin geführt, die Bewegung großentheils in die Hände zuerst von Narren wie Albrecht und dann von ausbeutenden Schwindelpropheten wie Kuhlmann zu liefern. Der von einigen Belletristen vertriebne „wahre Sozialismus", eine Uebersetzung französischer sozialistischer Wendungen in verdorbenes Hegeldeutsch und sentimentale Liebesduselei (siehe den Abschnitt über den deutschen oder wahren Sozialismus im kommunistischen Manifest) den Kriege und die Lektüre der betreffenden Schriften in den Bund eingeführt, mußte schon seiner speichelfließenden Kraftlosigkeit wegen den alten Revolutionären des Bundes zum Ekel werden. Gegenüber der Unhaltbarkeit der bisherigen theoretischen Vorstellungen, gegenüber den daraus sich herleitenden praktischen Abirrungen sah man in London mehr und mehr ein, daß Marx und ich mit unsrer neuen Theorie Recht hatten. Diese Einsicht wurde unzweifelhaft dadurch befördert, daß sich unter den Londoner Führern jetzt zwei Männer befanden, die den Genannten an Befähigung zu theoretischer Erkenntniß bedeutend überlegen waren: der Miniaturmaler Karl Pfänder aus Heilbronn und der Schneider Georg Eccarius aus Thüringen.*)

Genug, im Frühjahr 1847 erschien Moll in Brüssel bei Marx und gleich darauf in Paris bei mir, um uns im Namen seiner Genossen mehrmals zum Eintritt in den Bund aufzufordern. Sie seien von der allgemeinen Richtigkeit unserer Auffassungsweise ebensosehr überzeugt wie von der Nothwendigkeit, den Bund von den alten konspiratorischen Traditionen und Formen zu befreien. Wollten wir eintreten, so sollte uns Gelegenheit gegeben werden, auf einem Bundeskongreß unsren kritischen Kommunismus in einem Manifest zu entwickeln, das sodann als Manifest des Bundes veröffentlicht würde; und ebenso würden wir das Unsrige beitragen können, daß die veraltete Organisation des Bundes durch eine neue zeit- und zweckgemäße ersetzt werde.

Daß eine Organisation innerhalb der deutschen Arbeiterklasse schon der Propaganda wegen nothwendig sei, und daß diese Organisation, soweit sie nicht bloß lokaler Natur, selbst außerhalb Deutschlands nur eine geheime sein könne, darüber waren wir nicht im Zweifel. Nun bestand aber grade im Bund bereits eine solche Organisation. Das, was wir bisher an diesem Bund auszusetzen gehabt, wurde jetzt von den Vertretern des Bundes selbst als fehlerhaft preisgegeben; wir selbst wurden aufgefordert, zur Reorganisation mitzuarbeiten. Konnten wir Nein sagen? Sicher nicht. Wir traten also in den Bund; Marx bildete in Brüssel aus unsern näheren Freunden eine Bundesgemeinde, während ich die drei Pariser Gemeinden besuchte.

Im Sommer 1847 fand der erste Bundeskongreß in London statt, wo W. Wolff die Brüsseler und ich die Pariser Gemeinden vertrat. Hier wurde zunächst die Reorganisation des Bundes durchgeführt. Was noch von den alten mystischen Namen aus der Konspirationszeit übrig, wurde jetzt auch abgeschafft; der Bund organisirte sich in Gemeinden, Kreise, leitende Kreise, Zentralbehörde und Kongreß und nannte sich von nun an: „Bund der Kommunisten". „Der Zweck des Bundes ist der Sturz der Bourgeoisie, die Herrschaft des Proletariats, die Aufhebung der alten, auf Klassengegensätzen beruhenden bürgerlichen Gesellschaft und die Gründung einer neuen Gesellschaft ohne Klassen und ohne Privateigenthum" — so lautet der erste Artikel. Die Organisation selbst war durchaus demokratisch, mit gewählten und stets absetzbaren Behörden, und hiedurch allein allen Konspirationsgelüsten, die Diktatur erfordern, ein Riegel vorgeschoben und der Bund — für gewöhnliche Friedenszeiten wenigstens — in eine reine Propagandagesellschaft verwandelt. Diese neuen Statuten — so demokratisch wurde jetzt verfahren — wurden den Gemeinden zur Diskussion vorgelegt, dann auf dem zweiten Kongreß

---

*) Pfänder ist vor ungefähr acht Jahren in London gestorben. Er war ein eigenthümlich feinsinnender Kopf, witzig, ironisch, dialektisch. Eccarius war bekanntlich später langjähriger Generalsekretär der Internationalen Arbeiterassoziation, in deren Generalrath unter andern folgende alte Bundesmitglieder saßen: Eccarius, Pfänder, Leßner, Lochner, Marx, ich. Eccarius hat sich später ausschließlich der englischen Gewerkschafts-Bewegung zugewandt.

nochmals durchberathen und von ihm definitiv am 8. Dezember 1847 angenommen. Sie stehn abgedruckt bei Wermuth und Stieber I, S. 239, Anl. VIII.

Der zweite Kongreß fand statt Ende November und Anfang Dezember desselben Jahres. Hier war auch Marx anwesend und vertrat in längerer Debatte — der Kongreß dauerte mindestens zehn Tage — die neue Theorie. Aller Widerspruch und Zweifel wurde endlich erledigt, die neuen Grundsätze einstimmig angenommen und Marx und ich beauftragt, das Manifest auszuarbeiten. Dies geschah unmittelbar nachher. Wenige Wochen vor der Februarrevolution wurde es nach London zum Druck geschickt. Seitdem hat es die Reise um die Welt gemacht, ist in fast alle Sprachen übersetzt worden, und dient noch heute in den verschiedensten Ländern als Leitfaden der proletarischen Bewegung. An die Stelle des alten Bundesmottos: „Alle Menschen sind Brüder" trat der neue Schlachtruf: „Proletarier aller Länder vereinigt euch!", der den internationalen Charakter des Kampfes offen proklamirte. Siebzehn Jahre später durchhallte dieser Schlachtruf die Welt als Feldgeschrei der Internationalen Arbeiterassoziation, und heute hat ihn das streitbare Proletariat aller Länder auf seine Fahne geschrieben.

Die Februarrevolution brach aus. Sofort übertrug die bisherige Londoner Zentralbehörde ihre Befugnisse an den leitenden Kreis Brüssel. Aber dieser Beschluß traf ein zu einer Zeit, wo in Brüssel schon ein thatsächlicher Belagerungszustand herrschte, und namentlich die Deutschen sich nirgends mehr versammeln konnten. Wir waren eben alle auf dem Sprung nach Paris, und so beschloß die neue Zentralbehörde, sich ebenfalls aufzulösen, ihre sämmtlichen Vollmachten an Marx zu übertragen und ihn zu bevollmächtigen, in Paris sofort eine neue Zentralbehörde zu konstituiren. Kaum waren die fünf Leute, die diesen Beschluß (3. März 1848) gefaßt, auseinandergegangen, als die Polizei in Marx' Wohnung drang, ihn verhaftete, und am nächsten Tage nach Frankreich abzureisen zwang, wohin er grade gehn wollte.

In Paris fanden wir uns bald alle wieder zusammen. Dort wurde auch das folgende, von den Mitgliedern der neuen Zentralbehörde unterzeichnete Dokument verfaßt, das in ganz Deutschland verbreitet wurde, und woraus auch heute Mancher noch etwas lernen kann:

„Forderungen der kommunistischen Partei in Deutschland.

1) Ganz Deutschland wird zu einer einigen, untheilbaren Republik erklärt.
3) Die Volksvertreter werden besoldet, damit auch der Arbeiter im Parlament des deutschen Volkes sitzen könne.
4) Allgemeine Volksbewaffnung.
7) Die fürstlichen und andern feudalen Landgüter, alle Bergwerke, Gruben u. s. w. werden in Staatseigenthum umgewandelt. Auf diesen Landgütern wird der Ackerbau im Großen und mit den modernsten Hülfsmitteln der Wissenschaft zum Vortheile der Gesammtheit betrieben.
8) Die Hypotheken auf den Bauerngütern werden für Staatseigenthum erklärt: die Interessen für jene Hypotheken werden von den Bauern an den Staat gezahlt.

9) In den Gegenden, wo das Pachtwesen entwickelt ist, wird die Grundrente oder der Pachtschilling als Steuer an den Staat bezahlt.
11) Alle Transportmittel: Eisenbahnen, Kanäle, Dampfschiffe, Wege, Posten ꝛc. nimmt der Staat in seine Hand. Sie werden in Staatseigenthum umgewandelt und der unbemittelten Klasse zur Verfügung gestellt.
14) Beschränkung des Erbrechts.
15) Einführung von starken Progressivsteuern und Abschaffung der Konsumtionssteuern.
16) Errichtung von Nationalwerkstätten. Der Staat garantirt allen Arbeitern ihre Existenz und versorgt die zur Arbeit Unfähigen.
17) Allgemeine unentgeltliche Volkserziehung.

„Es liegt im Interesse des deutschen Proletariats, des kleinen Bürger- und Bauernstandes, mit aller Energie an der Durchsetzung obiger Maßregeln zu arbeiten. Denn nur durch Verwirklichung derselben können die Millionen, die bisher in Deutschland von einer kleinen Zahl ausgebeutet wurden, und die man weiter in Unterdrückung zu halten suchen wird, zu ihrem Rechte und zu derjenigen Macht gelangen, die ihnen, als den Hervorbringern alles Reichthums, gebührt.

Das Komite.

Karl Marx. Karl Schapper. H. Bauer. F. Engels. J. Moll. W. Wolff."

In Paris herrschte damals die Manie der revolutionären Legionen. Spanier, Italiener, Belgier, Holländer, Polen, Deutsche thaten sich in Haufen zusammen, um ihre respektiven Vaterländer zu befreien. Die deutsche Legion wurde geführt von Herwegh, Bornstedt, Börnstein. Da sofort nach der Revolution alle ausländischen Arbeiter nicht nur beschäftigungslos, sondern auch noch vom Publikum brangsalirt wurden, fanden diese Legionen starken Zulauf. Die neue Regierung sah in ihnen ein Mittel, die fremden Arbeiter loszuwerden, und bewilligte ihnen l'étape du soldat, d. h. Marschquartiere und die Marschzulage von 50 Centimen per Tag bis an die Grenze, wo dann der stets zu Thränen gerührte Minister des Auswärtigen, der Schönredner Lamartine, schon Gelegenheit fand, sie an ihre respektiven Regierungen zu verrathen.

Wir widersetzten uns dieser Revolutionsspielerei auf's Entschiedenste. Mitten in die damalige Gährung Deutschlands eine Invasion hineintragen, die die Revolution zwangsmäßig von Außen importiren sollte, das hieß der Revolution in Deutschland selbst ein Bein stellen, die Regierungen stärken, und die Legionäre selbst — dafür bürgte Lamartine — den deutschen Truppen wehrlos in die Hände liefern. Als dann in Wien und Berlin die Revolution siegte, wurde die Legion erst recht zwecklos; aber man hatte einmal angefangen, und so wurde weiter gespielt.

Wir stifteten einen deutschen kommunistischen Klub, worin wir den Arbeitern riethen, der Legion fernzubleiben, dagegen einzeln nach der Heimath zurückzukehren und dort für die Bewegung zu wirken. Unser alter Freund Flocon, der in der provisorischen Regierung saß, erwirkte für die von uns fortgeschickter Arbeiter dieselben Reisebegünstigungen, die den Legionären zugesagt waren. So beförderten wir drei bis vierhundert Arbeiter nach Deutschland zurück, darunter die große Mehrzahl der Bundesglieder.

Wie leicht vorherzusehn, erwies sich der Bund, gegenüber der jetzt losgebrochnen Bewegung der Volksmassen, als ein viel zu schwacher Hebel. Drei Viertel der Bundesglieder, die früher im Ausland wohnten, hatten durch Rückkehr in die Heimath ihren Wohnsitz gewechselt; ihre bisherigen Gemeinden waren damit großentheils aufgelöst, alle Fühlung mit dem Bund ging für sie verloren. Ein Theil der Ehrgeizigeren unter ihnen suchte sie auch nicht wieder zu gewinnen, sondern fing, Jeder in seiner Lokalität, eine kleine Separatbewegung auf eigne Rechnung an. Und endlich lagen die Verhältnisse in jedem einzelnen Kleinstaat, jeder Provinz, jeder Stadt wieder so verschieden, daß der Bund außer Stand gewesen wäre, mehr als ganz allgemeine Direktiven zu geben; diese waren aber viel besser durch die Presse zu verbreiten. Kurz, mit dem Augenblick, wo die Ursachen aufhörten, die den geheimen Bund nothwendig gemacht hatten, hörte auch der geheime Bund auf, als solcher etwas zu bedeuten. Das aber konnte am wenigsten die Leute überraschen, die soeben erst demselben geheimen Bund den letzten Schatten konspiratorischen Charakters abgestreift.

Daß aber der Bund eine vorzügliche Schule der revolutionären Thätigkeit gewesen, bewies sich jetzt. Am Rhein, wo die „Neue Rheinische Zeitung" einen festen Mittelpunkt bot, in Nassau, Rheinhessen 2c. standen überall Bundesglieder an der Spitze der extrem-demokratischen Bewegung. Desgleichen in Hamburg. In Süddeutschland stand das Vorherrschen der kleinbürgerlichen Demokratie im Weg. In Breslau war Wilhelm Wolff bis in den Sommer 1848 hinein mit großem Erfolg thätig; er erhielt auch ein schlesisches Mandat als Stellvertreter zum Frankfurter Parlament. Endlich in Berlin stiftete der Schriftsetzer Stephan Born, der in Brüssel und Paris als thätiges Bundesmitglied gewirkt hatte, eine „Arbeiterverbrüderung", die eine ziemliche Verbreitung erhielt und bis 1850 bestand. Born, ein sehr talentvoller junger Mann, der es aber mit seiner Verwandlung in eine politische Größe etwas zu eilig hatte, „verbrüderte" sich mit den verschiedenartigsten Krethi und Plethi, um nur einen Haufen zusammen zu bekommen, und war keineswegs der Mann der Einsicht in die widerstrebenden Tendenzen, Licht in das Chaos bringen konnte. In den amtlichen Veröffentlichungen des Vereins laufen daher auch die im kommunistischen Manifest vertretenen Ansichten kunterbunt durcheinander mit Zunfterinnerungen und Zunftwünschen, Abfällen von Louis Blanc und Proudhon, Schutzzöllnerei u. s. w., kurz man wollte Allen Alles sein. Speziell wurden Streiks, Gewerksgenossenschaften, Produktivgenossenschaften ins Werk gesetzt und vergessen, daß es sich vor Allem darum handelte, durch politische Siege sich erst das Gebiet zu erobern, worauf allein solche Dinge auf die Dauer durchführbar waren. Als dann die Siege der Reaktion den Leitern der Verbrüderung die Nothwendigkeit fühlbar machten, direkt in den Revolutionskampf einzutreten, wurden sie von der verworrenen Masse, die sie um sich gruppirt, selbstredend im Stich gelassen. Born betheiligte sich am Dresdner Maiaufstand 1849, und entkam glücklich. Die Arbeiterverbrüderung aber hatte sich, gegenüber der großen politischen Bewegung des Proletariats, als ein reiner Sonderbund bewährt, der großentheils nur auf dem Papier bestand und eine so untergeordnete Rolle spielte, daß die Reaktion ihn erst 1850, und seine fortbestehenden Ableger erst mehrere Jahre nachher zu unterdrücken für nöthig fand. Born, der eigentlich Buttermilch heißt, wurde keine politische Größe, sondern ein kleiner Schweizer Professor, der nicht mehr den Marx ins Zünftlerische, sondern den sanften Renan in sein eignes süßliches Deutsch übersetzt.

Mit dem 18. Juni 1849 in Paris, mit der Niederlage der deutschen Mai-Aufstände und der Niederwerfung der ungarischen Revolution durch die Russen war eine große Periode der 1848er Revolution abgeschlossen. Aber der Sieg der Reaktion war soweit noch keineswegs endgültig. Eine Reorganisation der zersprengten revolutionären Kräfte war geboten, und damit auch die des Bundes. Die Verhältnisse verboten wieder, wie vor 1848, jede öffentliche Organisation des Proletariats; man mußte also sich von neuem geheim organisiren.

Im Herbst 1849 fanden sich die meisten Mitglieder der frühern Centralbehörden und Kongresse wieder in London zusammen. Es fehlte nur noch Schapper, der in Wiesbaden saß, aber nach seiner Freisprechung im Frühjahr 1850 ebenfalls kam, und Moll, der, nachdem er eine Reihe der gefährlichsten Missions- und Agitationsreisen erledigt — zuletzt warb er mitten unter der preußischen Armee in der Rheinprovinz Fahrkanoniere für die pfälzische Artillerie — in die Besançoner Arbeiterkompagnie des Willich'schen Korps eintrat, und im Gefecht an der Murg, vorwärts der Rothenfelser Brücke, durch einen Schuß in den Kopf getödtet wurde. Dagegen trat nun Willich ein. Willich war einer der seit 1845 im westlichen Deutschland so häufigen Gemüthskommunisten, also schon deshalb in instinktivem, geheimem Gegensatz gegen unsre kritische Richtung. Er war aber mehr, er war vollständiger Prophet, von seiner persönlichen Mission als prädestinirter Befreier des deutschen Proletariats überzeugt, und als solcher direkter Prätendent auf die politische nicht minder als auf die militärische Diktatur. Dem früher von Weitling gepredigten urchristlichen Kommunismus trat somit eine Art von kommunistischem Islam zur Seite. Doch blieb die Propaganda dieser neuen Religion zunächst auf die von Willich befehligte Flüchtlingskaserne beschränkt.

Der Bund wurde also neu organisirt, die im Anhang (IX, Nr. 1) abgedruckte Ansprache vom März 1850 erlassen, und Heinrich Bauer als Emissär nach Deutschland geschickt. Die von Marx und mir redigirte Ansprache ist noch heute von Interesse, weil die kleinbürgerliche Demokratie auch jetzt noch diejenige Partei ist, welche bei der nächsten europäischen Erschütterung, die nun bald fällig wird (die Verfallzeit der europäischen Revolutionen, 1815, 1830, 1848—52, 1870, währt in unserm Jahrhundert 15 bis 18 Jahre) in Deutschland unbedingt zunächst ans Ruder kommen muß, als Retterin der Gesellschaft vor den kommunistischen Arbeitern. Manches von dem dort Gesagten paßt also noch heute. Die Missionsreise Heinrich Bauers war von vollständigem Erfolg gekrönt. Der kleine fidele Schuhmacher war ein geborner Diplomat. Er brachte die theils lässig gewordnen, theils auf eigne Rechnung operirenden ehemaligen Bundesglieder wieder in die aktive Organisation, namentlich auch die jetzigen Führer der Arbeiterverbrüderung. Der Bund fing an, in den Arbeiter-, Bauern- und Turnvereinen in weit größerem Maß als vor 1848 die dominirende Rolle zu spielen, so daß schon die nächste vierteljährliche Ansprache an die Gemeinden vom Juni 1850 konstatiren konnte, der im Interesse der kleinbürgerlichen Demokratie Deutschland bereisende Studiosus Schurz aus Bonn (der spätere amerikanische Ex-Minister) „habe alle brauchbaren Kräfte schon in den Händen des Bundes gefunden." (S. Anhang, IX., Nr. 2.) Der Bund war unbedingt die einzige revolutionäre Organisation, die in Deutschland eine Bedeutung hatte.

Wozu diese Organisation aber dienen sollte, das hing sehr wesentlich davon ab, ob die Aussichten auf einen erneuten Aufschwung der Revolution sich verwirklichten. Und dies wurde im Lauf des Jahres 1850 immer unwahrscheinlicher, ja unmöglicher. Die industrielle Krisis von 1847, die die Revolution von 1848 vorbereitet hatte, war überwunden; eine neue, bisher unerhörte Periode der industriellen Prosperität war angebrochen; wer Augen hatte zu sehn, und sie gebrauchte, für den mußte es klar sein, daß der Revolutionssturm von 1848 sich allmählig erschöpfte.

„Bei dieser allgemeinen Prosperität, worin die Produktivkräfte der bürgerlichen Gesellschaft sich so üppig entwickeln, wie dies innerhalb der bürgerlichen Verhältnisse überhaupt möglich ist, kann von einer wirklichen Revolution keine Rede sein. Eine solche Revolution ist nur in den Perioden möglich, wo diese beiden Faktoren, die modernen Produktionskräfte und die bürgerlichen Produktionsformen, mit einander in Widerspruch gerathen. Die verschiedenen Zänkereien, in denen sich jetzt die Repräsentanten der einzelnen Fraktionen der kontinentalen Ordnungspartei ergehn und gegenseitig kompromittiren, weit entfernt zu neuen Revolutionen Anlaß zu geben, sind im Gegentheil nur möglich, weil die Grundlage der Verhältnisse momentan so sicher, und, was die Reaktion nicht weiß, so bürgerlich ist. An ihr werden alle die bürgerliche Entwicklung aufhaltenden Reaktionsversuche ebenso sicher abprallen, wie alle sittliche Entrüstung und alle begeisterten Prollamationen der Demokraten." So schrieb Marx und ich in der „Revue von Mai bis Oktober 1850" in der „Neuen Rheinischen Zeitung", Politisch-ökonomische Revue." V. und VI. Heft, Hamburg 1850. S. 153.

Diese kühle Auffassung der Lage war aber für viele Leute eine Ketzerei zu einer Zeit, wo Ledru-Rollin, Louis Blanc, Mazzini, Kossuth, und von kleineren deutschen Lichtern Ruge, Kinkel, Gögg, und wie sie alle heißen, sich in London haufenweis zu provisorischen Zukunftsregierungen, nicht nur für ihre respektiven Vaterländer, sondern auch für ganz Europa zusammenthaten, und wo es nur noch darauf ankam, das nöthige Geld als Revolutionsanleihe in Amerika aufzunehmen, um die europäische Revolution nebst den damit selbstverständlich verschiednen Republiken im Nu zu verwirklichen. Daß ein Mann wie Willich hier hineinfiel, und daß auch Schapper aus altem Revolutionsdrang sich bethören ließ; daß die Mehrzahl der Londoner Arbeiter, großentheils selbst Flüchtlinge, ihnen in das Lager der bürgerlich-demokratischen Revolutionsmacher folgte, wen kann es wundern? Genug, die von uns vertheidigte Zurückhaltung war nicht nach dem Sinn dieser Leute; es sollte in die Revolutionsmacherei eingetreten werden; wir weigerten uns auf's Entschiedenste. Die Spaltung erfolgte; das Weitere ist in den „Enthüllungen" zu lesen. Dann kam die Verhaftung zuerst Nothjung's, dann Haupt's in Hamburg, der zum Verräther wurde, indem er die Namen der Kölner Zentralbehörde angab, und im Prozeß als Hauptzeuge dienen sollte; aber seine Verwandten wollten diese Schande nicht erleben und beförderten ihn nach Rio de Janeiro, wo er sich später als Kaufmann etablirte, und in Anerkennung seiner Verdienste erst preußischer und dann deutscher Generalkonsul wurde. Er ist jetzt wieder in Europa.*)

Zum besseren Verständniß des Folgenden gebe ich die Liste der Kölner Angeklagten: 1) P. G. Röser, Zigarrenarbeiter, 2) Heinrich Bürgers, später verstorbener fortschrittlicher Landtagsabgeordneter, 3) Peter Nothjung, Schneider, vor wenigen Jahren als Photograph in Breslau gestorben, 4) W. J. Reiff, 5) Dr. Hermann Becker, jetzt Oberbürgermeister von Köln und Mitglied des Herrenhauses, 6) Dr. Roland Daniels, Arzt, wenige Jahre nach dem Prozeß an der im Gefängniß erworbenen Schwindsucht gestorben, 7) Karl Otto, Chemiker, 8) Dr. Abraham Jacoby, jetzt Arzt in Newyork, 9) Dr. J. J. Klein, jetzt Arzt und Stadtverordneter in Köln, 10) Ferdinand Freiligrath, der aber damals schon in London war, 11) J. L. Ehrhard, Kommis, 12) Friedrich Leßner, Schneider, jetzt in London. Von diesen wurden, nachdem die öffentlichen Verhandlungen vor den Geschworenen vom 4. Oktober bis 12. November 1852 gedauert, wegen versuchten Hochverraths verurtheilt: Röser, Bürgers, und Nothjung zu 6, Reiff, Otto, Becker zu 5, Leßner zu 3 Jahren Festungshaft, Daniels, Klein, Jacoby und Ehrhardt wurden freigesprochen.

Mit dem Kölner Prozeß schließt diese erste Periode der deutschen kommunistischen Arbeiterbewegung. Unmittelbar nach der Verurtheilung lösten wir unsern Bund auf; wenige Monate nachher ging auch der Willich-Schapper'sche Sonderbund ein zur ewigen Ruhe.

Zwischen damals und jetzt liegt ein Menschenalter. Damals war Deutschland ein Land des Handwerks und der auf Handarbeit beruhenden Hausindustrie; jetzt ist es ein, noch in fortwährender industrieller Umwälzung begriffnes, großes Industrieland. Damals mußte man die Arbeiter einzeln zusammensuchen, die Verständniß hatten für ihre Lage als Arbeiter und ihren geschichtlich-ökonomischen Gegensatz gegen das Kapital, weil dieser Gegensatz selbst erst im Entstehen begriffen war. Heute muß man das gesammte deutsche Proletariat unter Ausnahmsgesetze stellen, um nur den Prozeß seiner Entwicklung zum vollen Bewußtsein seiner Lage als unterdrückte Klasse um ein Geringes zu ver-

*) Schapper starb Ende der sechsziger Jahre in London. Willich machte den amerikanischen Bürgerkrieg mit Auszeichnung mit; er erhielt in der Schlacht bei Murfreesboro (Tennessee) als Brigadegeneral einen Schuß durch die Brust, wurde aber geheilt und starb vor etwa zehn Jahren in Amerika. — Von andern, oben erwähnten Personen will ich noch bemerken, daß Heinrich Bauer in Australien verschollen ist, Weitling und Eberbeck in Amerika gestorben sind.

langsamen. Damals mußten sich die wenigen Leute, die zur Erkenntniß der geschichtlichen Rolle des Proletariats durchgedrungen, im Geheimen zusammenthun, in kleinen Gemeinden von drei bis zwanzig Mann verstohlen sich versammeln. Heute braucht das deutsche Proletariat keine offizielle Organisation mehr, weder öffentliche noch geheime; der einfache, sich von selbst verstehende Zusammenhang gleichgesinnter Klassengenossen reicht hin, um ohne alle Statuten, Behörden, Beschlüsse und sonstige greifbare Formen das gesammte deutsche Reich zu erschüttern. Bismarck ist Schiedsrichter in Europa, draußen jenseits der Grenze; aber drinnen wächst täglich drohender jene Athletengestalt des deutschen Proletariats empor, die Marx schon 1844 vorhersah, der Riese, dem das auf den Philister bemessene enge Reichsgebäude schon zu knapp wird, und dessen gewaltige Statur und breite Schultern dem Augenblick entgegenwachsen, wo sein bloßes Aufstehn vom Sitz den ganzen Reichsverfassungsbau in Trümmer sprengt. Und mehr noch. Die internationale Bewegung des europäischen und amerikanischen Proletariats ist jetzt so erstarkt, daß nicht nur ihre erste enge Form — der geheime Bund —, sondern selbst ihre zweite, unendlich umfassendere Form — die öffentliche Internationale Arbeiter-Assoziation — eine Fessel für sie geworden, und daß das einfache, auf der Einsicht in die Dieselbigkeit der Klassenlage beruhende Gefühl der Solidarität hinreicht, unter den Arbeitern aller Länder und Zungen eine und dieselbe große Partei des Proletariats zu schaffen und zusammenzuhalten. Die Lehren, die der Bund von 1847 bis 52 vertrat, und die damals als die Hirngespinnste extremer Tollköpfe, als Geheimlehre einiger versprengten Sektirer vom weisen Philisterium mit Achselzucken behandelt werden durften, sie haben jetzt zahllose Anhänger in allen zivilisirten Ländern der Welt, unter den Verdammten der sibirischen Bergwerke, wie unter den Goldgräbern Kaliforniens; und der Begründer dieser Lehre, der bestgehaßte, bestverläumdete Mann seiner Zeit, Karl Marx, war, als er starb, der stets gesuchte und stets willige Rathgeber des Proletariats beider Welten.

London, 8. Oktober 1885.

Friedrich Engels.

Enthüllungen über den Kommunistenprozeß zu Köln.

I. Vorläufiges.

Nothjung wurde am 10. Mai 1851 in Leipzig verhaftet, kurz darauf Bürgers, Röser, Daniels, Becker u. s. w. Am 4. Oktober 1852 erschienen die Verhafteten vor den Kölner Assisen unter der Anklage „hochverrätherischen Komplotts" gegen den preußischen Staat. Die Untersuchungshaft — Zellengefängniß — hatte also an 1½ Jahre gewährt.

Bei der Verhaftung von Nothjung und Bürgers fand man das „Manifest der kommunistischen Partei" vor, die „Statuten des Bundes der Kommunisten" (einer kommunistischen Propaganda-Gesellschaft), zwei Ansprachen der Zentralbehörde dieses Bundes, endlich einige Adressen und Druckschriften. Nachdem die Verhaftung des Nothjung schon acht Tage bekannt war, fielen Haussuchungen und Verhaftungen in Köln vor. Wenn also noch etwas zu finden gewesen wäre, so war es jetzt sicher verschwunden. In der That beschränkte sich der Fang auf einige irrelevante Briefe. 1½ Jahre später, als die Verhafteten endlich vor den Geschworenen erschienen, war das bona fide Material der Anklage auch nicht um ein einziges Dokument vermehrt. Dennoch hatten sämmtliche Behörden des preußischen Staats, wie das öffentliche Ministerium (vertreten durch v. Seckendorf und Saedt) versichert, die angestrengteste und vielseitigste Thätigkeit entwickelt. Womit waren sie also beschäftigt? Nous verrons!

Die ungewöhnliche Dauer der Untersuchungshaft wurde in der sinnreichsten Weise motivirt. Erst hieß es, die sächsische Regierung wolle Bürgers und Nothjung nicht an Preußen ausliefern. Das Gericht zu Köln reklamirte vergeblich bei dem Ministerium zu Berlin, das Ministerium zu Berlin vergeblich bei den Behörden in Sachsen. Indeß der sächsische Staat ließ sich erweichen. Bürgers und Nothjung wurden ausgeliefert. Endlich Oktober 1851 war die Sache soweit gediehen, daß die Akten dem Anklagesenat des Kölner Appellhofs vorlagen. Der Anklagesenat entschied, „daß kein objektiver Thatbestand für die Anklage vorliege und — die Untersuchung daher von Neuem beginnen müsse." Der Diensteifer der Gerichte war unterdeß angefacht worden durch ein eben erlassenes Disziplinargesetz, das die preußische Regierung befähigte, jeden ihr mißliebigen richterlichen Beamten zu beseitigen. Diesmal also wurde der Prozeß sistirt, weil kein Thatbestand vorlag. In dem folgenden Assisenquartal mußte er aufgeschoben werden, weil zu viel Thatbestand vorlag. Der Aktenstoß, hieß es, sei so enorm, daß der Ankläger sich nicht durcharbeiten könne. Er arbeitete sich nach und nach durch, der Anklageakt wurde den Verhafteten zugestellt, die Eröffnung der Verhandlungen für den 28. Juli zugesagt. Unterdeß war aber das große Regierungstriebrad des Prozesses, Polizeidirektor Schulze, erkrankt. Die Angeklagten hatten auf Schulzens Gesundheit drei fernere Monate zu sitzen. Zum Glück starb Schulze, das Publikum ward ungeduldig, die Regierung mußte den Vorhang aufziehen.

Während dieser ganzen Periode hatten die Polizeidirektion in Köln, das Polizeipräsidium in Berlin, die Ministerien der Justiz und des Innern fortwährend in den Gang der Untersuchung eingegriffen, in derselben Weise wie später ihr würdiger Repräsentant Stieber als Zeuge in die öffentlichen Gerichtsverhandlungen zu Köln eingriff. Es gelang der Regierung, ein Geschworenengericht zu Stande zu bringen, wie es in den Annalen der Rheinprovinz unerhört ist. Neben Mitgliedern der hohen Bourgeoisie (Herstadt, Leiden, Joest) städtisches Patriziat (von Bianca, vom Rath), Krautjunker (Häbling von Lanzenauer, Freiherr von Fürstenberg ꝛc.), zwei preußische Regierungsräthe, darunter ein königlicher Kammerherr (von Münch-Bellinghausen), endlich ein preußischer Professor (Kräußler). In dieser Jury waren also sämmtliche der in Deutschland herrschenden Klassen vertreten und nur sie waren vertreten.

Vor dieser Jury, scheint es, konnte die preußische Regierung den geraden Weg einschlagen und einen einfachen Tendenzprozeß machen. Die von Bürgers, Rothjung ꝛc. als echt anerkannten und bei ihnen selbst abgefaßten Dokumente bewiesen zwar kein Komplott; sie bewiesen überhaupt keine Handlung, die durch den code pénal vorgesehen ist, allein sie bewiesen unwiderleglich die Feindschaft der Angeklagten gegen die bestehende Regierung und die bestehende Gesellschaft. Was der Verstand des Gesetzgebers versäumte, konnte das Gewissen der Geschworenen nachholen. War es nicht eine List der Angeklagten, ihre Feindschaft gegen die bestehende Gesellschaft so einzurichten, daß sie gegen keine Paragraphen des Gesetzbuchs verstieß? Hört eine Krankheit auf ansteckend zu sein, weil sie in der Nomenklatur der Medizinalpolizeiordnung fehlt? Hätte sich die preußische Regierung darauf beschränkt, aus dem thatsächlich vorliegenden Material die Schädlichkeit der Angeklagten nachzuweisen und die Jury sich damit begnügt, sie durch ihr „schuldig" unschädlich zu machen, wer konnte Regierung und Jury angreifen? Niemand als der blöde Schwärmer, der einer preußischen Regierung und den in Preußen herrschenden Klassen Stärke genug zutraut, auch ihren Feinden, so lange sie sich auf dem Gebiete der Diskussion und der Propaganda halten, freien Spielraum gewähren zu können.

Indeß die preußische Regierung hatte sich selbst von dieser breiten Heerstraße politischer Prozesse abgeschnitten. Durch die ungewöhnliche Verschleppung des Prozesses, durch die direkten Eingriffe des Ministeriums in den Gang der Untersuchung, durch die geheimnißvollen Hinweisungen auf ungeahnte Schrecken, durch Prahlereien mit Europa umstrickender Verschwörung, durch die eklatant brutale Behandlung der Gefangenen war der Prozeß zu einem procès monstre aufgeschwellt, die Aufmerksamkeit der europäischen Presse auf ihn gelenkt und die argwöhnische Neugierde des Publikums auf's Höchste gespannt. Die preußische Regierung hatte sich in eine Position gedrängt, wo die Anklage anstandshalber Beweise liefern und die Jury anstandshalber Beweise verlangen mußte. Die Jury stand wieder selbst vor einer andern Jury, vor der Jury der öffentlichen Meinung.

Um den ersten Fehlgriff gut zu machen, mußte die Regierung einen zweiten begehen. Die Polizei, die während der Untersuchung als Instruktionsrichter fungirte, mußte während der Verhandlungen als Zeuge auftreten. Neben den normalen Ankläger mußte die Regierung einen anormalen hinstellen, neben die Prokuratur die Polizei, neben einen Saedt und Seckendorf einen Stieber mit seinem Wermuth, seinem Vogel Greif und seinem Goldheinchen. Die Intervention einer dritten Staatsgewalt vor Gericht war unvermeidlich geworden, um der juristischen Anklage Thatsachen, nach deren Schatten sie vergeblich jagte, durch die Wunderwirkungen der Polizei fortlaufend zu liefern. Das Gericht begriff so sehr diese Stellung, daß Präsident, Richter und Prokurator mit der rühmlichsten Resignation ihre Rolle wechselweise an den Polizeirath und Zeugen Stieber abtraten und beständig hinter Stieber verschwanden. Ehe wir nun fortgehen zur Beleuchtung dieser Polizeioffenbarungen, auf denen der „objektive Thatbestand" beruht, den der Anklagesenat nicht zu finden wußte, noch eine Vorbemerkung.

Aus den Papieren, die man bei den Angeklagten abfaßte, wie aus ihren eignen Aussagen ergab sich, daß eine deutsche kommunistische Gesellschaft existirt hatte, deren Zentralbehörde ursprünglich in London saß. Am 15. September 1850 spaltete sich diese Zentralbehörde. Die Majorität — der Anklageakt bezeichnet sie als „Partei Marx" — verlegte den Sitz der Zentralbehörde nach Köln. Die Minorität — später von den Kölnern aus dem Bunde gestoßen — etablirte sich als selbstständige Zentralbehörde zu London und stiftete hier und auf dem Kontinent einen Sonderbund. Der Anklageakt nennt diese Minorität und ihren Anhang die „**Partei Willich-Schapper.**"

Saedt-Seckendorf behaupten, rein persönliche Mißhelligkeiten hätten die Spaltungen der Londoner Zentralbehörden veranlaßt. Lange vor Saedt-Seckendorf hatte schon der „ritterliche Willich" über die Gründe der Spaltung die infamsten Gerüchte in der Londoner Emigration herumgeklatscht und an Herrn Arnold Ruge, diesem fünften Rad am Staatswagen der europäischen Zentral-Demokratie, und ähnlichen Leuten bereitwillige Gossen in die deutsche und die amerikanische Presse gefunden. Die Demokratie begriff, wie leicht sie sich den Sieg über die Kommunisten machte, wenn sie den „ritterlichen Willich" zum Repräsentanten der Kommunisten improvisirte. Der „ritterliche Willich" begriff seinerseits, daß die „Partei Marx" die Gründe der Spaltung nicht enthüllen konnte, ohne eine geheime Gesellschaft in Deutschland zu verrathen und ohne speziell die Kölner Zentralbehörde der väterlichen Sorgfalt der preußischen Polizei preißzugeben. Diese Umstände existiren jetzt nicht mehr, und wir zitiren daher einige wenige Stellen aus dem letzten Protokolle der Londoner Zentralbehörde d. d. 15. September 1850.

In der Motivirung seines Antrages auf Trennung sagt Marx unter Anderem wörtlich: „An die Stelle der kritischen Anschauung setzt die Minorität eine dogmatische, an die Stelle der materialistischen eine idealistische. Statt der wirklichen Verhältnisse wird ihr der **bloße Wille** zum Triebrad der Revolution. Während wir den Arbeitern sagen: Ihr habt 15, 20, 50 Jahre Bürgerkriege und Völkerkämpfe durchzumachen, nicht nur um die Verhältnisse zu ändern, sondern um Euch selbst zu ändern und zur politischen Herrschaft zu befähigen, sagt Ihr im Gegentheil: „Wir müssen gleich zur Herrschaft kommen oder wir können uns schlafen legen." Während wir speziell die deutschen Arbeiter auf die unentwickelte Gestalt des deutschen Proletariats hinweisen, schmeichelt Ihr auf's Plumpste dem Nationalgefühl und dem Standesvorurtheil der deutschen Handwerker, was allerdings populärer ist. Wie von den Demokraten das Wort **Volk** zu einem heiligen Wesen gemacht wird, so von Euch das Wort **Proletariat**. Wie die Demokraten schiebt Ihr der revolutionären Entwicklung die Phrase der Revolution unter ꝛc. ꝛc."

Herr Schapper sagte in seiner Antwort wörtlich: „Ich habe die hier angefochtene Ansicht ausgesprochen, weil ich überhaupt in dieser Sache enthusiastisch bin. Es handelt sich darum, ob wir im Anfange selbst köpfen oder geköpft werden. (Schapper versprach sogar, in einem Jahre, also am 15. September 1851, geköpft zu sein.) In Frankreich werden die Arbeiter dran kommen und damit wir in Deutschland. Wäre das nicht, so würde ich mich allerdings schlafen legen, und dann könnte ich eine andere materielle Stellung haben. Kommen wir dran, so können wir solche Maßregeln ergreifen, daß wir die Herrschaft des Proletariats sichern. Ich bin fanatisch für diese Ansicht, die Zentralbehörde aber hat das Gegentheil gewollt ꝛc. ꝛc."

Man sieht: es waren nicht persönliche Gründe, die die Zentralbehörde spalteten. Es wäre indeß ebenso falsch, von prinzipieller Differenz zu sprechen. Die Partei Schapper-Willich hat nie auf die Ehre Anspruch gemacht, eigne Ideen zu besitzen. Was ihr gehört, ist das eigenthümliche Mißverständniß fremder Ideen, die sie als Glaubensartikel fixirt und als Phrase sich angeeignet zu haben meint. Nicht minder unrichtig wäre es, die Partei Willich-Schapper mit der Anklage als „Partei der That" zu bezeichnen, es sei denn, daß man unter That einen unter Wirthshauspolterei, erlogenen Konspirationen und inhaltslosen Scheinverbindungen versteckten Müssiggang versteht.

II. Das Archiv Dietz.

Das bei den Angeklagten vorgefundene „Manifest der kommunistischen Partei", vor der Februar-Revolution gedruckt, seit Jahren im Buchhandel befindlich, konnte seiner Form und Bestimmung nach nicht das Programm eines „Komplotts" sein. Die faisirten **Ansprachen** der Zentralbehörde beschäftigten sich ausschließlich mit dem Verhältniß der Kommunisten zur künftigen Regierung der Demokratie, also nicht mit der Regierung Friedrich Wilhelm IV. Die Statuten endlich waren Statuten einer geheimen Propagandagesellschaft, aber der Code pénal enthält keine Strafen gegen geheime Gesellschaften. Als letzte Tendenz dieser Propaganda wird die Zertrümmerung der bestehenden Gesellschaft ausgesprochen, aber der preußische Staat ist schon einmal untergegangen und

kann noch zehnmal wieder untergehen und definitiv untergehen, ohne daß
der bestehenden Gesellschaft auch nur ein Haar ausfällt. Die Kommunisten können den Auflösungsprozeß der bürgerlichen Gesellschaft beschleunigen helfen und dennoch der bürgerlichen Gesellschaft die Auflösung des
preußischen Staates überlassen. Wessen direkter Zweck es wäre, den
preußischen Staat zu stürzen, und wer zu diesem Behuf die Zertrümmerung der Gesellschaft als Mittel lehrte, der gliche jenem verrückten
Ingenieur, der die Erde sprengen wollte, um einen Misthaufen aus dem
Weg zu räumen.

Aber wenn das Endziel des Bundes der Umsturz der Gesellschaft, so ist sein Mittel nothwendig die politische Revolution,
und er implizirt den Umsturz des preußischen Staates, wie ein Erdbeben
den Umsturz des Hühnerstalles implizirt. — Aber die Angeklagten gingen
nun einmal von der frevelhaften Ansicht aus, daß die jetzige preußische
Regierung auch ohne sie fallen werde. Sie stifteten daher keinen Bund
zum Sturz der jetzigen preußischen Regierung, sie machten sich keines
„hochverrätherischen Komplotts" schuldig.

Hat man die ersten Christen je angeklagt, ihr Zweck sei, den ersten
besten römischen Winkelpräfekten zu stürzen? Die preußischen Staats-
philosophen von Leibnitz bis Hegel haben an der Absetzung Gottes gearbeitet, und wenn ich Gott absetze, setze ich auch den König von Gottes-
gnaden ab. Hat man sie aber wegen Attentat auf das Haus Hohenzollern
verfolgt?

Man konnte also die Sache drehen und wenden, wie man wollte, das
vorgefundene Corpus delicti verschwand wie ein Gespenst vor dem
Tageslicht der Oeffentlichkeit. Es blieb bei der Klage des Anklagesenats,
daß „kein objektiver Thatbestand" vorliege und die „Partei
Marx" war böswillig genug, während der 1½ Jahre, die die Untersuchung währte, kein Jota zu dem vorliegenden Thatbestand zu liefern.

Diesem Mißstand mußte abgeholfen werden. Die Partei Willich-
Schapper, in Verbindung mit der Polizei, half ihm ab. Sehen wir, wie
Herr Stieber, der Geburtshelfer dieser Partei, sie in den Kölner Prozeß eingeführt. (Siehe die Zeugenaussage Stieber's in der Sitzung vom
18. Oktober 1852.)

Während Stieber sich im Frühling 1851 in London befand, angeblich
die Besucher der Industrieausstellung vor Stiebern und Diebern zu
schützen, sandte ihm das Berliner Polizei-Präsidium die Kopie der bei
Rothjung gefundenen Papiere, „namentlich, schwört Stieber,
wurde ich auf das Archiv der Verschwörung aufmerksam gemacht, welches
nach den bei Rothjung gefundenen Papieren in Lon-
don bei einem gewissen Oswald Dietz liegen und die
ganze Korrespondenz der Bundesmitglieder enthalten mußte."

Das Archiv der Verschwörung? Die ganze Korrespondenz der Bundes-
Mitglieder? Aber Dietz war der Sekretär der Willich-Schapper'schen
Zentralbehörde. Befand sich also das Archiv einer Verschwörung bei
ihm, so war es das Archiv der Willich-Schapper'schen Verschwörung.
Fand sich bei Dietz eine Bundeskorrespondenz, so konnte es nur die
Korrespondenz des den Kölner Angeklagten feindlichen Sonderbundes

sein. Aus der Musterung der bei Rothjung vorgefundenen Dokumente folgt indessen noch mehr, nämlich daß nichts darin auf den Oswald Dietz als Archiv-Verwahrer hinwies. Wie sollte Rothjung auch in Leipzig wissen, was der „Partei Marx" zu London selbst unbekannt war.

Stieber konnte nicht direkt sagen: Nun passen Sie auf, meine Herren Geschwornen! Ich habe unerhörte Entdeckungen in London gemacht. Leider beziehen sie sich auf eine Verschwörung, womit die Kölner Angeklagten nichts zu schaffen und worüber die Kölner Geschwornen nicht zu richten haben; die aber den Vorwand hergab, die Beschuldigten 1½ Jahre im Zellengefängniß zu logiren. So konnte Stieber nicht sprechen. Rothjung's Intervention war unerläßlich, um die in London gemachten Enthüllungen und aufgestöberten Dokumente in einen Scheinzusammenhang mit dem Kölner Prozeß zu bringen.

Stieber schwört nun, ein Mensch habe sich ihm erboten, das Archiv für baares Geld von Oswald Dietz zu kaufen. Die Thatsache ist einfach die: Ein gewisser Reuter, preußischer Mouchard, der nie einer kommunistischen Gesellschaft angehört hat, wohnte in demselben Haus mit Dietz, erbrach dessen Pult, während er abwesend war, und stahl seine Papiere. Daß Herr Stieber ihn für diesen Diebstahl bezahlt hat, ist glaublich, würde Stieber aber schwerlich vor einer Reise nach Van-Diemens-Land beschützt haben, wäre das Manöver während seiner Anwesenheit in London bekannt geworden.

Am 5. August 1851 erhielt Stieber zu Berlin „in einem starken Paket in Wachsleinwand" von London das Archiv Dietz, nämlich einen Haufen von Dokumenten, von „sechszig einzelnen Piècen." So schwört Stieber und schwört zugleich, daß dieses Paket, das er am f ü n f t e n August 1851 erhielt, unter andern Briefe des leitenden Kreises Berlin vom z w a n z i g s t e n August 1851 enthielt. Wollte man nun behaupten, Stieber begehe einen Meineid, wenn er versichert, am 5. August 1851 Briefe vom 20. August 1851 erhalten zu haben, so würde er mit Recht antworten, daß ein königlich preußischer Rath dasselbe Recht hat wie der Evangelist Matthäus, nämlich chronologische Wunder zu begehen.

En passant. Aus der Aufzählung der der Partei Willich-Schapper entwandten Dokumente und aus den Daten dieser Dokumente folgt, daß diese Partei, obgleich durch den Einbruch des Reuter gewarnt, noch fortwährend Mittel fand, sich Dokumente stehlen und sie an die preußische Polizei gelangen zu lassen.

Als Stieber sich im Besitz des in starker Wachsleinwand eingewickelten Schatzes fand, wurde ihm unendlich wohl. „Das ganze Gewebe, schwört er, lag klar vor meinen Augen enthüllt." Und was barg der Schatz in Bezug auf die „Partei Marx" und die Kölner Angeklagten? Nach Stieber's eigener Aussage nichts, gar nichts als „eine Originalerklärung mehrerer Mitglieder der Zentralbehörde, welche offenbar den Kern der „Partei Marx" bilden, d. d. London den 17. September 1850, betreffend ihren Austritt aus der Kommunisten-Gesellschaft in Folge des bekannten Bruchs am 15. September 1850." So sagt Stieber selbst, aber auch in dieser harmlosen Aussage vermag er nicht einfach das Faktum zu sagen. Er ist gezwungen, es in eine höhere Potenz zu erheben, um ihm polizeiliche Wichtigkeit zu geben. Jene Originalerklärung enthält nämlich nichts als eine in drei Zeilen bestehende Anzeige der Majoritäts-Mitglieder der ehemaligen Zentralbehörde und ihrer Freunde, daß sie aus dem öffentlichen Arbeiterverein der Great-Windmill-Street austreten, nicht aber aus einer „Kommunisten-Gesellschaft".

Stieber konnte seinen Korrespondenten die Wachsleinwand und seiner Behörde die Portokosten ersparen. Er brauchte nur verschiedene deutsche Blätter vom September 1850 durchzustöbern, und Stieber fand gedruckt, schwarz auf weiß, eine Erklärung des „Kernes der Partei Marx", worin sie mit ihrem Austritt aus dem Flüchtlingskomité zugleich ihren Austritt aus dem Arbeiterverein der Great-Windmill-Street anzeigt.

Das nächste Resultat der Stieber'schen Recherchen war also die unerhörte Entdeckung, daß der „Kern der Partei Marx" aus dem öffentlichen Verein der Great-Windmill-Street am 17. September 1850 ausgetreten sei. „Das ganze Gewebe des kölnischen Komplotts lag klar vor seinen Augen enthüllt." Das Publikum aber traute seinen Augen nicht.

III. Das Komplott Cherval.

Stieber wußte indeß mit dem gestohlenen Schatz zu wuchern. Die ihm am 5. August 1851 zugekommenen Papiere führten zur Entdeckung des sogenannten „deutsch-französischen Komplotts zu Paris". Sie enthielten sechs Berichte des von Willich-Schapper abgesandten Emissärs Adolph Majer d. d. Paris und fünf Berichte des leitenden Kreises Paris an die Zentralbehörde Willich-Schapper. (Zeugenaussage Stieber's in der Sitzung vom 18. Oktober.) Stieber unternimmt eine diplomatische Lustreise nach Paris und macht dort die persönliche Bekanntschaft des großen Carlier, der soeben in der berüchtigten Affäre der Goldbarrenlotterie den Beweis geliefert hatte, daß er zwar ein großer Feind der Kommunisten, aber ein noch größerer Freund von fremdem Privateigenthum sei.

„Demgemäß reiste ich im September 1851 nach Paris ab. Ich fand in dem damaligen dortigen Polizeipräfekt Carlier die bereitwilligste Unterstützung.... Durch französische Polizeiagenten wurden die in den Londoner Briefen enthüllten Fäden schnell und sicher aufgefunden; es gelang, die Wohnungen der einzelnen Chefs der Verschwörung zu ermitteln und alle ihre Bewegungen, namentlich alle ihre Versammlungen und Korrespondenzen, zu beobachten. Man ermittelte dort sehr arge Dinge.... Ich mußte den Anforderungen des Präfekten Carlier nachgeben, und es wurde in der Nacht vom 4. zum 5. September 1851 eingeschritten." (Aussage Stieber's vom 18. Oktober.)

Im September reiste Stieber von Berlin ab. Nehmen wir an den 1. September. Abends den 2. September traf er im besten Falle zu Paris ein. In der Nacht vom 4. wird eingeschritten. Bleiben also für die Besprechung mit Carlier und die Ergreifung der nöthigen Maßregeln 36 Stunden. In diesen 36 Stunden werden nicht nur die Wohnungen der einzelnen Chefs „ermittelt"; alle ihre Bewegungen, alle ihre Versammlungen, alle ihre Korrespondenzen werden „beobachtet", natürlich erst nachdem ihre „Wohnungen ermittelt" sind. Stieber's Ankunft bewirkt nicht nur eine wunderthätige „Schnelligkeit und Sicherheit der französischen Polizeiagenten", sie macht auch die konspirirenden Chefs

„bereitwillig", in 24 Stunden so viel Bewegungen, Versammlungen und Korrespondenzen zu begehen, daß schon am andern Abend gegen sie eingeschritten werden kann.

Aber nicht genug, daß am 8. die Wohnungen der einzelnen Chefs ermittelt, alle ihre Bewegungen, Versammlungen und Korrespondenzen beobachtet sind: „französische Polizeiagenten", schwört Stieber, „finden Gelegenheit, den Sitzungen der Verschworenen beizuwohnen und die Beschlüsse derselben über das Verfahren bei der nächsten Revolution mit anzuhören." Kaum haben also die Polizeiagenten die Versammlungen beobachtet, so finden sie durch die Beobachtung Gelegenheit beizuwohnen, und kaum wohnen sie einer Sitzung bei, so werden es mehrere Sitzungen, und kaum sind es ein paar Sitzungen, so kommt es auch schon zu Beschlüssen über das Verfahren bei der nächsten Revolution — und Alles an demselben Tage. An demselben Tage, wo Stieber den Carlier, lernt Carlier's Polizeipersonal die Wohnungen der einzelnen Chefs, lernen die einzelnen Chefs das Polizeipersonal Carlier's kennen, laden es denselben Tag in ihre Sitzungen ein, halten ihnen zu Gefallen denselben Tag eine ganze Reihe von Sitzungen und können sich nicht von ihnen trennen, ohne noch eiligst Beschlüsse über das Verfahren bei der nächsten Revolution zu fassen.

So bereitwillig Carlier sein mochte — und Niemand wird an seiner Bereitwilligkeit zweifeln, drei Monate vor dem Staatsstreich ein kommunistisches Komplott zu entdecken — Stieber muthet ihm mehr zu, als er leisten konnte. Stieber verlangt Polizeiwunder, er verlangt sie nicht nur, er glaubt sie auch; er glaubt sie nicht nur, er beschwört sie.

„Beim Beginne des Unternehmens, nämlich des Einschreitens, verhaftete ich zuerst persönlich mit einem französischen Kommissär den gefährlichen Cherval, den Hauptchef der französischen Kommunisten. Er widersetzte sich heftig, und es entstand ein hartnäckiger Kampf mit ihm." So Stieber's Aussage vom 18. Oktober.

„Cherval verübte in Paris ein Attentat auf mich, und zwar in meiner eigenen Wohnung, in welche er sich während der Nacht eingeschlichen, und wobei meine Frau, die mir bei dem dadurch veranlaßten Kampfe zu Hülfe kam, verwundet wurde." So Stieber's andere Aussage vom 27. Oktober.

In der Nacht vom 4. auf den 5. schreitet Stieber bei Cherval ein, und es entsteht ein Faustkampf, worin Cherval sich widersetzt. In der Nacht vom 3. auf den 4. schreitet Cherval bei Stieber ein, und es entsteht ein Faustkampf, worin Stieber sich widersetzt. Aber am 3. herrschte ja gerade die entente cordiale zwischen Verschwörern und Polizeiagenten, wodurch so Großes an einem Tage geleistet ward. Jetzt soll nicht nur Stieber am 3. hinter die Verschwörer, sondern die Verschwörer sollen am 3. auch hinter den Stieber gekommen sein. Während Carlier's Polizeiagenten die Wohnungen der Verschwörer, entdeckten die Verschwörer die Wohnung Stieber's. Während er ihnen gegenüber eine „beobachtende", spielen sie ihm gegenüber eine thätige Rolle. Während er von ihrem Komplott gegen die Regierung träumt, sind sie mit einem Attentat auf seine Person beschäftigt.

Stieber fährt in seiner Aussage vom 18. Oktober fort: „Bei diesem Kampfe (wo Stieber in der Offensive) bemerkte ich, daß Cherval bemüht war, ein Papier in den Mund zu stecken und es hinunterzuschlucken. Es gelang nur mit Mühe, die Hälfte des Papiers zu retten, die andere Hälfte war schon verzehrt."

Das Papier befand sich also im Munde, zwischen den Zähnen des Cherval, denn nur die eine Hälfte ward gerettet, die andere war schon verzehrt. Stieber und sein Helfershelfer, Polizeikommissär oder wer sonst, konnten die andere Hälfte nur retten, indem sie ihre Hände in den Rachen des „gefährlichen Cherval" steckten. Die nächste Art, wie Cherval sich gegen einen solchen Angriff vertheidigen konnte, war die des Beißens, und wirklich meldeten die Pariser Blätter, Cherval habe die Frau Stieber gebissen, aber in dieser Szene wohnte dem Stieber nicht die Frau bei, sondern der Polizeikommissär. Dagegen erklärt Stieber, bei dem Attentat, das Cherval in seiner eigenen Wohnung verübt, sei Frau Stieber, die ihm zu Hülfe gekommen, verwundet worden. Stellt man die Aussagen Stieber's und die Aussage der Pariser Journale zusammen, so scheint es, daß Cherval in der Nacht vom 3. auf den 4. Frau Stieber biß, um die Papiere zu retten, die Herr Stieber ihm in der Nacht vom 4. auf den 5. aus den Zähnen riß. Stieber wird uns antworten, daß Paris eine Wunderstadt ist und daß schon Larochefoucauld erklärt hat, in Frankreich sei Alles möglich.

Lassen wir einen Augenblick den Wunderglauben, so scheint es, daß die ersten Wunder entstanden sind, indem Stieber eine Reihe von Handlungen, die der Zeit nach weit auseinanderliegen, in einen Tag zusammendrängt, auf den 3. September — und die letzten Wunder, indem er verschiedene Thatsachen, die an einem Abende und an einem Orte vorfielen, an zwei verschiedene Nächte und zwei verschiedene Orte vertheilt. Wir stellen seiner Erzählung von Tausend und Einer Nacht den wirklichen Thatbestand gegenüber. Vorher noch ein verwunderliches Faktum, wenn auch kein Wunder. Stieber entriß eine Hälfte des von Cherval verschluckten Papiers. Was enthielt die gerettete Hälfte? Das Ganze, was Stieber suchte. „Dieses Papier," schwört er, „enthielt eine höchst wichtige Instruktion für den Emissär Gipperich in Straßburg mit dessen vollständiger Adresse." Jetzt zum Thatbestand.

Am 5. August 1851, wissen wir von Stieber, erhielt er das in starke Wachsleinwand verpackte Archiv Dietz. Am 8. oder 9. August 1851 fand sich zu Paris ein gewisser Schmidt ein. Schmidt scheint der unvermeidliche Name für die incognito reisenden preußischen Polizeiagenten. Stieber reist 1845—1846 als Schmidt im schlesischen Gebirge, sein Londoner Agent Fleury reist 1851 als Schmidt nach Paris. Er sucht hier die einzelnen Chefs der Willich-Schapper'schen Verschwörung und findet zunächst Cherval. Er gibt vor, aus Köln entflohen zu sein und von dort die Bundeskasse mit 500 Thalern gerettet zu haben. Er beglaubigt sich durch Mandate von Dresden und verschiedenen anderen Orten, spricht von Reorganisation des Bundes, Vereinigungen der verschiedenen Parteien, da die Spaltungen auf rein persönlichen Differenzen beruhten — die Polizei predigte schon damals Einigkeit und Einigung — und versprach die 500 Thaler zu verwenden, um den Bund wieder in Flor zu bringen. Nach und nach lernt Schmidt die einzelnen Chefs der Schapper-Willich'schen Bundesgemeinden in Paris kennen. Er erfährt nicht nur ihre Adressen, er besucht sie, er spionirt ihre Korrespondenzen aus, er beobachtet ihre Bewegungen, er bringt in ihre Sitzungen, er treibt sie voran als agent provocateur, Cherval speziell renommirt um so mehr, je bewundernder Schmidt ihn als den großen Unbekannten des Bundes rühmt, als den „Hauptchef", der bisher nur seine eigene Wichtigkeit ignorirt, was schon manchem großen Manne passirt ist. Eines Abends, als Schmidt sich mit Cherval in die Bundessitzung begibt, verließ Cherval seinen berühmten Brief an Gipperich, vor dessen Absendung. So erfuhr Schmidt die Existenz des Gipperich. „Sobald Gipperich nach Straßburg zurückgekehrt ist," bemerkte Schmidt, „wollen wir ihm gleich eine Anweisung auf die 500 Thaler geben, die zu Straßburg liegen. Hier haben Sie die Adresse des Mannes, der das Geld verwahrt, geben Sie mir dagegen die Adresse des Gipperich, um sie dem Manne, dem er sich vorstellen wird, als Legitimation zuzuschicken." So erhielt Schmidt die Adresse des Gipperich. Denselben Abend, wo Cherval den Brief an Gipperich abschickte, wurde eine Viertelstunde später vermittelst des elektrischen Telegraphen Gipperich verhaftet, Haussuchung bei ihm gehalten, der berühmte Brief aufgefangen. Gipperich wurde vor Cherval verhaftet.

Kurze Zeit nachher theilte Schmidt dem Cherval mit, ein preußischer Polizeikerl, Namens Stieber, sei in Paris angekommen. Er habe nicht nur dessen Wohnung entdeckt, sondern auch von dem garçon eines gegenüberliegenden Café's gehört, Stieber habe unterhandelt, um ihn, Schmidt, arretiren zu lassen. Cherval sei der Mann, um dem elenden preußischen Polizisten ein Andenken zu geben. „Er wird in die Seine geschmissen," antwortet Cherval. Beide verabredeten sich, den nächsten Tag in Stieber's Wohnung zu bringen, unter irgend einem Vorwande seine Anwesenheit zu konstatiren und sich sein Personale zu merken. Den nächsten Abend unternahmen unsere beiden Helden wirklich die Expedition. Unterwegs meinte Schmidt, es sei besser, wenn Cherval sich in das Haus begebe, während er selbst vor dem Hause als Schutzwache patrouillire. „Du fragst," fuhr er fort, „bei dem Portier nach Stieber, und erklärst dem Stieber, wenn er Dich vorläßt, Du habest Herrn Sperling sprechen und bei ihm anfragen wollen, ob er den erwarteten Wechsel von Köln mitbringe. Apropos, noch eins. Dein weißer Hut fällt auf, er ist zu demokratisch. Da! Setz' meinen schwarzen auf." Die Hüte werden gewechselt, Schmidt postirt sich als Schildwache, Cherval zieht die Klingel und befindet sich in der Wohnung des Stieber. Der Portier glaubte nicht, daß Stieber zu Hause sei und schon wollte sich Cherval zurückziehen, als die Treppe hinunter eine Frauenstimme rief: „Ja, Stieber ist zu Hause." Cherval geht der Stimme nach, deren Spuren zu einem grün bebrillten Subjekt führen, das sich als Stieber zu erkennen gibt. Cherval bringt die verabredete Formel mit dem Wechsel und dem Sperling vor. „Das geht nicht so," fällt Stieber lebhaft ein, „Sie kommen hier in's Haus, fragen nach mir, werden hinaufgewiesen, ziehen dann zurück ꝛc. Das ist mir höchst verdächtig." Cherval antwortet grob, Stieber zieht die Glocke, mehrere Kerls erscheinen augenblicklich, umringen den Cherval, Stieber greift ihm nach der Rocktasche, wo ein Brief hervorlugt. Es war dies zwar keine Instruktion Chervals an Gipperich, wohl aber ein Brief Gipperich's an Cherval. Cherval versucht den Brief zu essen, Stieber fährt ihm in den Mund. Cherval beißt und stößt und schlägt. Mann Stieber will die eine Hälfte, Ehehälfte Stieber will die andere Hälfte retten und wird für ihren Diensteifer verwundet. Der Lärm, den diese Szene verursacht, ruft die verschiedenen Miether aus ihren Appartements. Unterdessen aber hat einer von Stieber's Kerlen eine goldene Uhr über das Treppengeländer geworfen, und, während Cherval: Mouchard! ruft, rufen Stieber und Compagnie: Au voleur! Der Portier bringt die goldene Uhr und der Ruf: Au voleur! wird allgemein. Cherval wird verhaftet und findet an der Thür zwar nicht seinen Freund Schmidt, wohl aber 4—5 Soldaten, die ihn in Empfang nehmen.

Vor dem Thatbestand verschwinden alle von Stieber beschworenen Wunder. Sein Agent Fleury hat über drei Wochen hindurch operirt, er hat nicht nur die Fäden des Komplotts entdeckt, er hat sie mit weben helfen. Stieber braucht nur noch von Berlin zu kommen und kann rufen: Veni, vidi, vici! Er kann dem Carlier ein fertiges Komplott zum Präsent machen. Carlier bedarf nur noch der „Bereitwilligkeit" zum Einschreiten. Frau Stieber braucht nicht am 8. von Cherval gebissen zu werden, weil Herr Stieber am 4. dem Cherval in den Mund greift. Die Adresse des Gipperich und die richtigte Instruktion brauchen nicht, wie Jonas aus dem Bauche des Wallfisches, aus dem Rachen des „gefährlichen Cherval" ganz herauszukommen, nachdem sie halb gegessen sind. Das Einzige, was wunderbar bleibt, ist der Wunderglaube der Geschwornen, denen Stieber seine Lügenmärchen ernsthaft aufzutischen wagen darf. Vollblütige Träger des beschränkten Unterthanenverstandes!

„Cherval," schwört Stieber (Sitzung vom 18. Oktober), „legte mir im Gefängniß, nachdem ich ihm zu seinem größten Erstaunen alle seine Originalberichte, welche er nach London geschickt, vorgelegt, und nachdem er einsah, daß ich alles wußte, ein offenes Geständniß ab."

Was Stieber dem Cherval zunächst vorlegte, waren keineswegs dessen Originalberichte nach London. Diese ließ Stieber mit anderen Dokumenten des Archivs Dietz erst später aus Berlin kommen. Was er ihm zunächst vorlegte, war ein von Oswald Dietz gezeichnetes Rundschreiben, das Cherval eben erst erhalten hatte, und einige der jüngsten Briefe von Willich. Wie gelangte Stieber in ihren Besitz? Während sich Cherval mit Stieber und Ehehälfte biß und schlug, stürzte der brave Schmidt-Fleury zu Madame Cherval, einer Engländerin — Fleury, als deutsch-londoner Kaufmann, spricht natürlich englisch — und sagt ihr, ihr Mann sei arretirt, die Gefahr groß, sie möchte Cherval's Papiere herausgeben, damit er nicht noch mehr kompromittirt werde, Cherval habe ihn beauftragt, sie einer dritten Person einzuhändigen. Zum Beweise, daß er ein echter Abgesandter, zeigt er den weißen Hut, den er dem Cherval abnahm, weil er zu demokratisch aussah. Fleury erhielt die Briefe von Madame Cherval und Stieber erhielt sie von Fleury.

Jedenfalls stand er nun auf einer günstigeren Operationsbasis als vorher in London. Die Papiere des Dietz konnte er stehlen, aber die Aussagen des Cherval konnte er machen. Er läßt also seinen Cherval (Sitzung vom 18. Oktober) „sich über die Verbindungen mit Deutschland" dahin auslassen: „Er habe sich längere Zeit in den Rheinlanden aufgehalten und sei namentlich 1848 in Köln gewesen. Dort sei er mit Marx bekannt und von diesem in den Bund aufgenommen worden, den er dann in Paris auf Grund der schon vorgefundenen Elemente eifrig verbreitet habe."

1846 wurde Cherval von Schapper und auf Antrag des Schapper in den Bund zu London aufgenommen, während sich Marx in Brüssel befand und noch nicht einmal Bundesmitglied war. Cherval konnte also nicht 1848 in denselben Bund von Marx zu Köln aufgenommen werden.

Cherval reiste nach Ausbruch der März-Revolution auf einige Wochen nach Rheinpreußen, kehrte aber von da wieder nach London zurück, wo er sich vom Ende Frühling 1848 bis Sommer 1850 fortwährend aufhielt. Er kann also nicht gleichzeitig „den Bund eifrig zu Paris verbreitet haben", oder Stieber, der chronologische Wunder verrichtet, ist auch im Stande, räumliche zu verrichten und sogar dritten Personen die Eigenschaft der Ubiquität mitzutheilen.

Marx lernte erst nach seiner Ausweisung aus Paris, September 1849, nachdem er zu London in den Arbeiterverein der Great Windmill-Street eingetreten, unter hundert anderen Arbeitern auch den Cherval oberflächlich kennen. Er kann also nicht seine Bekanntschaft 1848 zu Köln gemacht haben.

Cherval erklärte anfänglich dem Stieber über alle diese Punkte die Wahrheit. Stieber suchte ihn zu falschen Aussagen zu zwingen. Erreichte er seinen Zweck? Nur Stieber's eigene Aussage spricht dafür, also ein minus. Dem Stieber lag natürlich Alles daran, Cherval in einen erlogenen Zusammenhang mit Marx zu bringen, um die Kölner Angeklagten in einen künstlichen Zusammenhang mit dem Pariser Komplott zu bringen.

Sobald sich Stieber gezwungen sieht, en détail auf die Verbindungen und Korrespondenzen von Cherval und Genossen mit Deutschland einzugehen, hütet er sich, Köln auch nur zu erwähnen, spricht dagegen mit selbstgefälliger Breite von Heck in Braunschweig, Laube in Berlin, Reininger in Mainz, Tietz in Hamburg 2c. 2c., kurz, von der Partei Willich-Schapper. Diese Partei, sagt Stieber, hatte „das Archiv des Bundes in Händen". — Durch eine Verwechselung gerieth es aus ihren Händen in seine. Er fand in diesem Archiv nicht eine Zeile, die Cherval vor der Spaltung der Londoner Zentralbehörde, vor dem 15. September 1850, nach London oder gar persönlich an Marx gerichtet hätte.

Durch Schmidt-Fleury ließ er der Frau Cherval die Papiere ihres Mannes abschwindeln. Er fand wieder keine Zeile, die Cherval von Marx erhalten hätte. Um diesem Mißstande abzuhelfen, diktirt er dem Cherval in die Feder: „Daß er mit Marx auf einen gespannten Fuß gekommen, weil derselbe, obgleich die Zentralbehörde in Köln gewesen, noch die Korrespondenzen mit ihm zu führen verlangt habe." Wenn Stieber vor dem 15. September 1850 keine Korrespondenz von Marx mit Cherval findet, so rührt dies blos daher, daß Cherval nach dem 15. September 1850 jede Korrespondenz mit Marx abbrach. Ponds-toi, Figaro, tu n'aurais pas inventé cela!

Die Akten, die die preußische Regierung während der 1½jährigen Untersuchung zum Theil durch Stieber selbst gegen die Angeklagten zusammengeschleppt, widerlegten allen Zusammenhang der Angeklagten mit der Pariser Gemeinde und dem deutsch-französischen Komplott.

Die Ansprache der Londoner Zentralbehörde vom Juni 1850 bewies, daß vor der Spaltung der Zentralbehörde die Gemeinde in Paris aufgelöst war. Sechs im Archiv Dietz befindliche Briefe bewiesen, daß nach der Verlegung der Zentralbehörde nach Köln die Gemeinden zu Paris von dem Emissär der Willich-Schapper'schen Partei, von A. Majer, neu gestiftet waren. Die in demselben Archiv befindlichen Briefe des leitenden Kreises Paris bewiesen, daß er in feindlichem Gegensatz zur Kölner Zentralbehörde stand. Der französische Anklageakt endlich bewies, daß alles, was gegen Cherval und Genossen inkriminirt wurde, erst im Jahre 1851 vorfiel. Saedt (Sitzung vom 8. November) sieht sich daher trotz der Stieber'schen Enthüllungen auf die dünne Vermuthung angewiesen, daß es doch möglich sei, daß die Partei Marx zu irgend einer Zeit in irgend ein Komplott zu Paris irgendwie einmal verwickelt gewesen, daß man aber von dieser Zeit und diesem Komplott weiter nichts wisse, als eben, daß Saedt in obrigkeitlichem Auftrag sie für möglich hält. Man urtheile vom Stumpfsinn der deutschen Presse, die von Saedt's Scharfsinn fabelt!

De longue main suchte die preußische Polizei dem Publikum Marx und durch Marx die Kölner Angeklagten als in das deutsch-französische Komplott verwickelt darzustellen. Der Polizeispion Beckmann schickte während der Verhandlungen des Cherval'schen Prozesses folgende Notiz d. d. Paris 25. Februar 1852 an die „Kölnische Zeitung": „Mehrere Angeklagte sind flüchtig, darunter ein gewisser A. Majer, der als Agent von Marx u. Co. dargestellt wird." Die „Kölnische Zeitung" brachte darauf eine Erklärung von Marx, daß „A. Majer einer der intimsten Freunde des Herrn Schapper und des ehemaligen preußischen Lieutenants Willich sei, ihm selbst aber gänzlich fern stehe". Jetzt in seiner Aussage vom 18. Oktober 1852 erklärt Stieber selbst: „Die am 15. September 1850 in London von der Marx'schen Partei ausgeschlossenen Mitglieder der Zentralbehörde sandten A. Majer nach Frankfurt ꝛc." und theilt sogar die Korrespondenz des A. Majer mit Schapper-Willich mit.

Ein Mitglied der Partei Marx, Conrad Schramm, wurde bei Gelegenheit der Fremdenverfolgungen zu Paris im Monat September 1851 nebst 50—60 andern anwesenden Gästen in einem Kaffeehaus verhaftet und während beinahe zwei Monaten unter der Anklage festgehalten, Theilnehmer des von dem Irländer Cherval geleiteten Komplotts zu sein. Am 16. Oktober erhielt er im Depot der Polizeipräfektur den Besuch eines Deutschen, der ihn folgendermaßen anredete: „Ich bin preußischer Staatsbeamter, Sie wissen, daß in allen Theilen Deutschlands, namentlich in Köln, zahlreiche Verhaftungen in Folge der Entdeckungen einer kommunistischen Gesellschaft vorgenommen worden sind. Eine Namenserwähnung in einem Briefe reicht hin, um die Verhaftung der betreffenden Person zu veranlassen. Die Regierung befindet sich einigermaßen in Verlegenheit durch die Menge von Verhafteten, von denen sie nicht weiß, ob sie etwas mit der Sache zu thun haben oder nicht. Wir wissen, daß Sie in dem Complot franco-allemand nicht betheiligt sind, dagegen mit Marx und Engels genau bekannt und ohne Zweifel über alle Einzelnheiten der deutschen kommunistischen Verbindung unterrichtet sind. Sie würden uns sehr verbinden, wenn Sie uns die erforderliche Auskunft darüber geben könnten, und die Personen näher bezeichnen wollten, die schuldig oder unschuldig sind. Sie können dadurch zur Befreiung einer großen Menge Leute beitragen. Wenn Sie wollen, so können wir über die Erklärung einen Akt aufnehmen. Sie haben durch eine solche Erklärung nichts zu fürchten" ꝛc. ꝛc. Schramm wies natürlich diesem sanften preußischen Staatsbeamten die Thüre, protestirte gegen dergleichen Besuche beim französischen Ministerium und wurde Ende Oktober aus Frankreich ausgewiesen.

Daß Schramm der „Partei Marx" angehörte, wußte die preußische Polizei aus der bei Dietz gefundenen Austrittserklärung. Daß die „Partei Marx" mit dem Komplott Cherval nicht zusammenhänge, räumte sie selber dem Schramm ein. War eine Verbindung der „Partei Marx" mit dem Komplott Cherval nachzuweisen, so konnte es nicht in Köln geschehen, sondern nur in Paris, wo gleichzeitig mit Cherval ein Mitglied dieser Partei gefangen saß. Aber die preußische Regierung fürchtete nichts mehr als eine Konfrontation zwischen Cherval und Schramm, die den ganzen Erfolg, den sie sich gegen die Kölner Angeklagten von dem Pariser Prozeß versprach, im Voraus vereiteln mußte. In der Freilassung des Schramm fällte der französische Untersuchungsrichter das Urtheil, daß der Kölner Prozeß mit dem Pariser Komplott in keinem Zusammenhang stehe.

Stieber macht einen letzten Versuch: „In Betreff des oben erwähnten Chefs der französischen Kommunisten Cherval hat man sich lange vergeblich bemüht, zu ermitteln, wer dieser Cherval eigentlich sei. Endlich hat sich durch eine vertrauliche Aeußerung, die Marx selbst einem Polizeiagenten machte, ergeben, daß er ein Mensch war, der 1845 aus dem Gefängniß zu Aachen, wo er wegen Wechselfälschung saß, entwichen ist, und den Marx 1848 während der damaligen Unruhen in den Bund aufgenommen hat, von wo er nach Paris als Emissär gegangen."

So wenig wie Marx dem spiritus familiaris, dem Polizeiagenten Stieber's mittheilen konnte, er habe den Cherval 1848 in Köln in den Bund aufgenommen, worin Schapper ihn schon 1846 zu London aufnahm, oder er habe ihn in London wohnen und zugleich in Paris Propaganda haussiren lassen, ebenso wenig konnte er die Notiz, Cherval habe 1845 in Aachen gesessen und Wechsel gefälscht, die er eben erst durch die Aussage des Stieber erfuhr, dem alter ego Stieber's, dem Polizeiagenten als solchem schon vor der Aussage Stieber's mitgetheilt haben. Dergleichen hysteron proteron sind blos einem Stieber erlaubt. Die antike Welt hinterließ ihren sterbenden Fechter, der preußische Staat hinterläßt seinen schwörenden Stieber.

Also lange, lange hatte man sich vergeblich bemüht zu ermitteln, wer Cherval eigentlich sei? Abends den 2. September kam Stieber nach Paris. Am Abend des 4. wurde Cherval verhaftet, am Abend des 5. wurde er aus seiner Zelle in einen spärlich erleuchteten Saal geführt. Stieber war da, aber neben Stieber war noch ein französischer Polizeibeamter da, ein Elsässer, der das Deutsche gebrochen spricht, aber ganz versteht, ein Polizeigedächtniß besitzt und den anmaßlich servilen Berliner Polizeirath nicht eben angenehm fand. In Gegenwart also dieses französischen Beamten hatte folgendes Gespräch statt: Stieber zu Deutsch:

„Hören Sie 'mal, Herr Cherval, mit dem französischen Namen und dem irländischen Paß wissen wir recht gut, was es zu bedeuten hat. Wir kennen Sie, Sie sind Rheinpreuße, Sie heißen K. und es kommt bloß auf Sie an, sich von den Folgen zu befreien, und zwar dadurch, daß Sie uns ein ganz offenes Geständniß machen" 2c. 2c. Cherval leugnete. Stieber: „Die und die Personen, die Wechsel gefälscht und aus preußischen Gefängnissen entsprungen sind, wurden von den französischen Behörden nach Preußen ausgeliefert, und ich sage Ihnen deswegen nochmals, besinnen Sie sich, es handelt sich hier um 12 Jahre Zellengefängniß." Der französische Polizeibeamte: „Wir wollen dem Mann Zeit lassen, er soll sich in seiner Zelle bedenken." Cherval wurde in seine Zelle zurückgeführt.

Stieber durfte natürlich nicht mit der Thüre in's Haus fallen, er durfte dem Publikum nicht gestehen, daß er dem Cherval mit dem Gespenst der Auslieferung und des 12jährigen Zellengefängnisses falsche Aussagen zu erpressen suchte.

Stieber hat indeß noch immer nicht ermittelt, wer Cherval eigentlich ist. Er nennt ihn vor den Geschworenen immer noch Cherval und nicht K. Noch mehr. Er weiß auch nicht, wo Cherval sich eigentlich aufhält. In der Sitzung vom 23. Oktober läßt er ihn noch in Paris sitzen. In der Sitzung vom 27. Oktober, gedrängt durch die Frage des Advokaten Schneider II.: „ob der mehr genannte Cherval sich nicht gegenwärtig in London aufhalte?" antwortet Stieber: „Er könne darüber keine Auskunft geben und nur das Gerücht mittheilen, daß Cherval in Paris entsprungen sei."

Die preußische Regierung erlag ihrem gewöhnlichen Schicksal, duprt zu werden. Die französische Regierung hatte ihr erlaubt, die Kastanien des deutsch-französischen Komplotts aus dem Feuer zu holen, man erlaubte ihr nicht, sie zu essen. Cherval hatte sich das Wohlwollen der französischen Regierung zu erwerben gewußt, und sie ließ ihn einige Tage nach Beendigung der Pariser Assisenverhandlungen mit Gipperich nach London entfliehen. Die preußische Regierung glaubte sich ein Werkzeug für den Kölner Prozeß in Cherval erworben zu haben, sie hatte nur der französischen Regierung einen Agenten mehr geworben.

Einen Tag vor Cherval's Scheinflucht erschien bei ihm ein preußischer Laquin in schwarzem Frack, Manschetten, schwarzem, struppigem Schnurrbart, kurz geschnittenen und dünnen gräulichen Haaren, mit einem Wort, ein ganz hübscher Junge, der ihm später als Polizei-Lieutenant Greif bezeichnet wurde und sich hinterher auch als Greif präsentirte. Greif hatte Zutritt zu ihm erhalten durch eine Eintrittskarte, die er direkt vom Polizeiminister mit Umgehung des Polizeipräfekten empfing. Es kitzelte den Polizeiminister, die lieben Preußen anzuführen.

Greif: „Ich bin preußischer Beamter, hierher geschickt, um mit Ihnen in Unterhandlungen zu treten, Sie werden hier nie herauskommen, außer durch uns. Ich mache Ihnen einen Vorschlag. Verlangen Sie in einer Eingabe an die französische Regierung, deren Einwilligung im Voraus zugesagt ist, nach Preußen ausgeliefert zu werden, denn wir brauchen Sie dort als Zeugen zu Köln. Nachdem Sie Ihre Schuldigkeit gethan und die Sache vorbei ist, werden wir Sie auf Ehrenwort in Freiheit setzen."

Cherval: „Ich komme auch ohne Sie heraus."

Greif mit Bestimmtheit: „Das ist unmöglich!" Greif ließ auch den Gipperich herunter kommen und machte ihm den Vorschlag, für 5 Tage als kommunistischer Emissär nach Hannover zu gehen. Auch ohne Erfolg. Den nächsten Tag waren Cherval und Gipperich entflohen. Die französischen Behörden schmunzelten, die Unglücksdepesche ging nach Berlin, und noch am 23. Oktober schwört Stieber, daß Cherval in Paris sitzt, und noch am 27. Oktober kann er keine Auskunft geben und weiß nur gerüchtweise, daß Cherval „in Paris" entsprungen ist. Unterdessen hatte der Polizei-Lieutenant Greif den Cherval während der Kölner Verhandlungen dreimal in London besucht, unter Anderem, um die Adresse des Nette in Paris zu erfahren, von dem man eine Zeugen-Aussage gegen die Kölner erkaufen zu können glaubte. Der Koup mißlang.

Stieber hatte Gründe, sein Verhältniß mit Cherval im Dunkeln zu lassen. K....... blieb daher immer Cherval, der Preuße blieb Irländer und Stieber weiß noch heute nicht, wo Cherval sich aufhält und „wer Cherval eigentlich ist".*)

In der Korrespondenz des Cherval mit Gipperich besaß das Trifolium Sedendorf-Saedt-Stieber endlich, was es wünschte:
„Schinderhannes, Karlo Moor
Nahm ich mir als Muster vor."

Der Brief Cherval's an Gipperich, damit er sich ja recht tief der trägen Hirnmaterie der 300 Meistbesteuerten, die das Geschworenengericht repräsentirt, einbläue, hatte die Ehre, dreimal verlesen zu werden. Jeder Kenner erkannte sofort hinter diesem harmlosen Zigeunerpathos den Schallsnarren, der sich und andern fürchterlich vorzukommen sucht.

Cherval und Genossen hatten ferner die allgemeinen Erwartungen der Demokratie von den Wunderwirkungen des 2. Mai 1852 getheilt und beschlossen, am 2. Mai mitzurevolutioniren. Schmidt-Fleury hatte beigetragen, dieser fixen Idee die Form eines Plans zu geben. So verfielen Cherval u. Co. der juristischen Kategorie des Komplotts. So

---

*) Auch im „schwarzen Buch" weiß Stieber noch immer nicht, wer der Cherval eigentlich ist. Es heißt da Theil II S. 38, unter Nr. 111 „Cherval": siehe Crämer; und unter Nr. 116 Crämer: „hat laut Nr. 111 unter dem Namen Cherval eine sehr große Thätigkeit für den Kommunistenbund entwickelt. Er führt auch den Bundesnamen Frank. Unter dem Namen Cherval wurde er vom Assisenhof zu Paris im Februar 1853 (soll heißen 1852) zu 8 Jahren Gefängniß verurtheilt, entsprang aber bald und begab sich nach London." So unwissend ist Stieber im zweiten Theil, der die Personalien der alphabetisch und nach Nummern geordneten Verdächtigen registrirt. Er hat bereits vergessen, daß ihm Theil I S. 81 das Geständniß entfahren: „Cherval ist nämlich der Sohn eines rheinischen Beamten Namens Joseph Krämer, welcher" (jawohl welcher? Der Vater oder Sohn?) „sein Gewerbe als Lithograph zu Wechselfälschungen gemißbraucht hat, deswegen verhaftet worden, aber 1844 aus dem Gefängniß in Köln" (falsch, in Aachen!) „entsprungen und nach England und später nach Paris entflohen ist." — Man vergleiche hiermit die obigen Aussagen des Stieber vor den Geschwornen. Die Polizei kann nun einmal absolut nicht die Wahrheit sagen.

war an ihnen der Beweis geliefert, daß das Komplott, welches die
Kölner Angeklagten nicht gegen die preußische Regierung verübt hatten,
doch jedenfalls von der Partei Cherval gegen Frankreich verübt worden sei.

Durch Schmidt-Fleury hatte die preußische Regierung einen Scheinzusammenhang zwischen dem Pariser Komplott und den Kölner Angeklagten zu fabriziren gesucht, den sie durch Stieber beschwören ließ.
Stieber-Greif-Fleury, diese Dreinigkeit, spielt die Hauptrolle im Komplott Cherval, wir werden sie später wieder am Werk finden.

Resümiren wir:

A ist Republikaner, B. nennt sich auch Republikaner. A und B sind
verfeindet. B baut im Auftrage der Polizei eine Höllenmaschine. A wird
darauf vor Gericht gestellt. Wenn B die Höllenmaschine gebaut hat und
nicht A, so liegt die Schuld daran, daß A mit B verfeindet ist. Um
den A zu überführen, wird B als Zeuge gegen ihn aufgerufen. Das
war der Humor des Komplotts Cherval.

Man begreift, daß diese Logik vor dem Publikum durchfiel. Die „thatsächlichen" Enthüllungen Stieber's verschwammen in übelriechendem
Dunst, es blieb bei der Klage des Anklagesenats, daß „kein objektiver
Thatbestand vorliege." Neue Polizeiwunder waren nöthig geworden.

IV. Das Original-Protokollbuch.

In der Sitzung vom 23. Oktober bemerkt der Präsident: „Der Polizeirath Stieber habe ihm angezeigt, daß er noch neue wichtige Depositionen
zu machen habe", und ruft zu diesem Behuf den genannten Zeugen
wieder auf. Stieber springt vor und leitet die mise-en-scène ein.

Bisher hatte Stieber die Thätigkeit der Partei Willich-Schapper oder
kürzer, der Partei Cherval, geschildert, ihre Thätigkeit v o r u n d n a c h
der Verhaftung der Kölner Angeklagten. In Bezug auf die Angeklagten
selbst hat er nichts geschildert, weder vor noch nach. Das Komplott
Cherval fiel n a c h der Verhaftung der gegenwärtigen Angeklagten vor
und Stieber erklärt jetzt: „ich habe in meiner bisherigen Vernehmung
die Gestaltung des Kommunistenbundes und die Wirksamkeit der Mitglieder desselben nur b i s z u r V e r h a f t u n g der gegenwärtigen
Angeklagten geschildert." Er gesteht also, daß das Komplott Cherval
nichts zu thun hatte „mit der Gestaltung des Kommunistenbundes und
der Wirksamkeit seiner Mitglieder". Er gesteht das N i c h t s seiner bisherigen Aussage. Ja, er ist so blasirt über seine Aussage vom 18. Oktober, daß er für überflüssig hält, Cherval länger mit der „Partei
Marx" zu identifiziren. „Zunächst, sagt er, besteht noch die Willich'sche
Fraktion, von welcher bis jetzt nur Cherval in Paris u. s. w. ergriffen
sind." Aha! der Hauptchef Cherval ist ein also ein Führer der Willichschen Fraktion.

Aber Stieber hat jetzt die w i c h t i g s t e n Mittheilungen zu machen,
nicht nur die a l l e r n e u e s t e n, sondern auch die w i c h t i g s t e n. Die
allerneuesten und wichtigsten! Diese wichtigsten Mittheilungen würden
an Gewicht verlieren, wenn die Unwichtigkeit der bisherigen Itthei-

lungen nicht betont würde. Ich habe bisher eigentlich nichts mitgetheilt, sagt Stieber, aber jetzt kommt's. Paßt auf! Ich habe bisher über die den Angeklagten feindliche Partei Cherval berichtet, was eigentlich nicht hierher gehörte. Ich werde jetzt über die „Partei Marx" berichten, um die es sich allein in diesem Prozeß handelt. So einfach durfte Stieber nicht sprechen. Er sagt also: „Ich habe bisher den Kommunistenbund vor der Verhaftung der Angeklagten geschildert, ich werde jetzt den Kommunistenbund nach Verhaftung der Angeklagten schildern." Mit eigenthümlicher Virtuosität weiß er sogar die blos rhetorische Phrase meineidig zu machen.

Nach Verhaftung der Kölner Angeklagten hat Marx eine neue Zentralbehörde gebildet. „Dies ergibt sich aus der Aussage eines Polizeiagenten, den schon der verstorbene Polizeidirektor Schulze unerkannt in den Londoner Bund und in die unmittelbare Nähe von Marx zu bringen wußte." Diese neue Zentralbehörde hat ein Protokollbuch geführt und dies „Original-Protokollbuch" besitzt Stieber jetzt. Schreckliche Umtriebe in den Rheinprovinzen, in Köln, ja mitten im Gerichtssaal, alles das beweist das Original-Protokollbuch. Es enthält den Beweis für die fortlaufende Korrespondenz der Angeklagten durch die Gefängnißmauern hindurch mit Marx. In einem Wort: das Archiv Dietz war das Alte Testament, aber das Original-Protokollbuch ist das Neue Testament. Das Alte Testament war in starke Wachsleinwand verpackt, aber das Neue Testament ist in unheimlich rothen Saffian gebunden. Der rothe Saffian ist allerdings eine demonstratio ad oculos, aber die Welt ist heut ungläubiger als zu Thomas Zeiten; sie glaubt nicht einmal, was sie sieht. Wer glaubt noch an Testamente, Alte oder Neue, seitdem die Mormonenreligion erfunden ist? Auch das hat Stieber vorgesehen, der der Mormonenreligion nicht ganz abgeneigt ist.

„Man könnte mir freilich," bemerkt der Mormone Stieber, „man könnte mir freilich entgegensetzen, daß dies alles nur Traditionen verächtlicher Polizeiagenten seien, aber," schwört Stieber, „aber ich habe vollkommene Beweise der Wahrhaftigkeit und Zuverlässigkeit der von ihnen gemachten Mittheilungen."

Man verstehe wohl! Beweise der Wahrhaftigkeit und Beweise der Zuverlässigkeit! und zwar vollkommene Beweise. Vollkommene Beweise! Und welches sind die Beweise?

Stieber wußte längst, „daß eine geheime Korrespondenz zwischen Marx und den im Arresthaus befindlichen Angeklagten existire, konnte aber dieser Korrespondenz nicht auf die Spur kommen. Da traf am vergangenen Sonntag ein außerordentlicher Kourier von London hier bei mir mit der Nachricht ein, daß es endlich gelungen sei, die geheime Adresse, unter welcher diese Korrespondenz geführt worden sei, zu entdecken; es sei dies die Adresse des Kaufmanns D. Rothes auf dem alten Markt hierselbst. Derselbe Kourier überbrachte mir das von der Londoner Zentralbehörde geführte Original-Protokollbuch, welches man sich von einem Mitglied des Bundes für Geld zu verschaffen gewußt hat." Stieber setzt sich nun mit dem Polizeidirektor Geiger und der Postdirektion in Verbindung. „Es werden die nöthigen Vorsichtsmaßregeln getroffen, und schon nach zwei Tagen brachte die Abendpost von London einen an Rothes adressirten Brief. Derselbe wurde

auf Ansehn der Oberprokuratur mit Beschlag belegt, geöffnet
und in demselben eine sieben Seiten große, von der Hand des Marx
geschriebene Instruktion für den Advokaten Schneider II gefunden.
Derselbe enthält eine Anweisung, wie die Vertheidigung zu führen sei. ...
Auf der Rückseite des Briefes befand sich ein großes, lateinisches B.
Von dem Briefe ward eine Abschrift, ein leicht abzutrennendes Stück
des Originals, sowie das Originalkouvert zurückbehalten. Dann
wurde er in einem Kouvert versiegelt und so erhielt ihn ein auswärtiger
Polizeibeamter mit dem Auftrage, sich zu Rothes zu begeben, sich ihm
als Emissär des Marx vorzustellen" ꝛc. Stieber erzählt dann weiter
die widrige Polizei- und Bedienten-Komödie, wie der auswärtige Polizeibeamte den Emissär von Marx gespielt ꝛc. Rothes wird am 18. Oktober
verhaftet und erklärt nach 24 Stunden, das B auf der innern Adresse
des Briefes bedeute Bermbach. Am 19. Oktober wird Bermbach verhaftet und Haussuchung bei ihm gehalten. Am 21. Oktober werden
Rothes und Bermbach wieder in Freiheit gesetzt.

Stieber machte diese Deposition Samstag den 23. Oktober. „Vergangenen Sonntag", also Sonntag den 17. Oktober, sei der außerordentliche Kourier mit der Adresse des Rothes und mit dem Original-
Protokollbuch, zwei Tage nach dem Kourier sei der Brief an Rothes
eingetroffen, also am 19. Oktober. Aber schon am 18. Oktober wurde
Rothes verhaftet wegen des Briefes, den ihm der auswärtige Polizeibeamte am 17. Oktober überbrachte. Der Brief an Rothes kam also
zwei Tage früher an als der Kourier mit der Adresse des Rothes, oder
Rothes wurde am 18. Oktober für einen Brief verhaftet, den er erst
am 19. Oktober erhielt. Chronologisches Wunder?

Später durch die Advokatur geängstigt erklärt Stieber, der Kourier
mit der Adresse des Rothes und dem Original-Protokollbuch sei am
10. Oktober eingetroffen. Warum am 10. Oktober? Weil der 10. Oktober
ebenfalls auf einen Sonntag fällt und am 23. Oktober ebenfalls schon
ein „vergangener" Sonntag war, weil so die ursprüngliche Aussage
wegen des vergangenen Sonntags festgehalten und nach dieser Seite der
Meineid verdeckt wird. Aber dann langte der Brief wieder nicht zwei
Tage, sondern eine ganze Woche später an als der Kourier. Der Meineid
fällt nun auf den Brief, statt auf den Kourier. Es geht den Stieber'schen
Eiden wie dem Lutherschen Bauer. Hilft man ihm von der einen Seite
auf's Pferd, so fällt er von der andern Seite herunter.

In der Sitzung vom 8. November endlich erklärt der Polizeilieutenant
Goldheim aus Berlin, der Polizeilieutenant Greif aus London habe das
Protokollbuch in seiner und des Polizeidirektors Wermuth Gegenwart
am 11. Oktober, also an einem Montag, dem Stieber überbracht. Goldheim erklärt also den Stieber eines doppelten Meineides schuldig.

Marx gab den Brief an Rothes, wie das Original-Kouvert mit dem
Londoner Poststempel ausweist, Donnerstag den 14. Oktober zur Post.
Der Brief mußte also Freitag Abend den 15. Oktober anlangen. Ein
Kourier, der zwei Tage vor Ankunft dieses Briefes die Adresse des
Rothes und das Original-Protokollbuch überbrachte, mußte also Mittwoch
den 13. Oktober eintreffen. Er konnte aber weder am 17. Oktober ein-
treffen, noch am 10., noch am 11.

Greif als Kourier brachte dem Stieber allerdings sein Original-Protokollbuch von London. Was es mit diesem Buche auf sich halte, wußte Stieber ebenso genau wie sein Kumpan Greif. Er zögerte daher, es dem Gerichte vorzulegen, denn diesmal handelte es sich nicht um Aussagen hinter den Gefängnißgittern von Mazas. Da kam der Brief von Marx. Nun war dem Stieber geholfen. Kothes ist eine bloße Adresse, denn das Schreiben selbst ist nicht an Kothes gerichtet, sondern an das lateinische B, das sich auf der Rückseite des einliegenden verschlossenen Schreibens findet. Kothes ist also faktisch blos eine Adresse. Nehmen wir nun an, er sei eine geheime Adresse. Nehmen wir ferner an, er sei die geheime Adresse, worunter Marx mit den Kölner Angeklagten korrespondirt. Nehmen wir endlich an, unsre Londoner Agenten hätten durch denselben Kourier gleichzeitig das Original-Protokollbuch und diese geheime Adresse geschickt, der Brief sei aber zwei Tage später eingetroffen als Kourier, Adresse und Protokollbuch. Wir schlagen so zwei Fliegen mit einer Klappe. Erstens beweisen wir die geheime Korrespondenz mit Marx, zweitens beweisen wir die Echtheit des Original-Protokollbuchs. Die Echtheit des Original-Protokollbuchs ist bewiesen durch die Richtigkeit der Adresse, die Richtigkeit der Adresse ist bewiesen durch den Brief. Die Zuverlässigkeit und Wahrhaftigkeit unsrer Agenten ist bewiesen durch Adresse und Brief, die Echtheit des Original-Protokollbuchs ist bewiesen durch die Zuverlässigkeit und Wahrhaftigkeit unsrer Agenten. Quod erat demonstrandum. Dann die heitere Komödie mit dem auswärtigen Polizeibeamten; dann mysteriöse Verhaftungen; Publikum, Geschworene und die Angeklagten selbst werden wie vom Donner gerührt sein.

Warum aber ließ Stieber, was doch so leicht war, seinen außerordentlichen Kourier nicht am 18. Oktober eintreffen? Weil er sonst nicht außerordentlich war, weil die Chronologie, wie wir gesehen, seine schwache Seite ist und der gemeine Kalender unter der Würde eines preußischen Polizeiraths liegt. Ueberdem behielt er ja das Original-Kouvert des Briefes zurück; wer sollte also der Sache auf die Spur kommen?

In seiner Aussage kompromittirte sich Stieber jedoch von vornherein durch das Verschweigen einer Thatsache. Kannten seine Agenten die Adresse des Kothes, so kannten sie auch den Mann, den das mysteriöse B auf der Rückseite des innern Briefes barg. Stieber war so wenig in die Mysterien des lateinischen B eingeweiht, daß er Becker am 17. Oktober im Gefängniß durchsuchen ließ, um den Marx'schen Brief bei ihm zu finden. Erst durch die Aussage des Kothes erfuhr er, daß Bermbach durch das B bezeichnet ward.

Wie aber war der Brief von Marx in die Hände der preußischen Regierung gerathen? Sehr einfach. Die preußische Regierung erbricht regelmäßig die ihrer Post anvertrauten Briefe und that es während des Kölner Prozesses mit besonderer Ausdauer. Aachen und Frankfurt a/M. wissen davon zu erzählen. Es ist ein reiner Zufall, was entschlüpft oder erwischt wird.

Mit dem Original-Kourier fiel auch das Original-Protokollbuch. Stieber ahnte dies natürlich noch nicht in der Sitzung vom 23. Oktober, als er triumphirend den Inhalt des neuen Testamentes, des rothen Buches offenbarte. Das nächste Resultat seiner Aussagen war die abermalige Verhaftung Bermbachs, der den Gerichtsverhandlungen als Zeuge beiwohnte.

Warum ward Bermbach abermals verhaftet?

Wegen der bei ihm gefundenen Papiere? Nein, denn nach der Haussuchung wurde er wieder in Freiheit gesetzt. Seine Verhaftung fiel 24 Stunden später als die des Rothes vor. Wenn er also kompromittirende Dokumente besessen hätte, waren sie sicher verschwunden. Warum also die Verhaftung des Zeugen Bermbach, während die Zeugen Hentze, Hätzel, Steingens, deren Mitwissenschaft oder Theilnahme am Bund konstatirt war, ruhig auf der Zeugenbank saßen?

Bermbach hatte einen Brief von Marx empfangen, der eine bloße Kritik der Anklage enthielt und nichts weiter. Stieber gab die Thatsache zu, — denn der Brief lag den Geschworenen vor. Er drückte nur die Thatsache in seiner polizeilich-hyperbolischen Manier folgendermaßen aus: „Marx selbst übt von London einen fortwährenden Einfluß auf den gegenwärtigen Prozeß." Und die Geschworenen fragten sich selbst, wie Guizot seine Wähler: Est-ce que vous vous sentez corrumpus? Warum also Bermbach's Verhaftung? Die preußische Regierung suchte von Beginn der Untersuchung den Angeklagten die Vertheidigungsmittel p r i n zipiell, systematisch abzuschneiden. Den Advokaten wurde, wie sie in öffentlicher Sitzung erklären, in direktem Widerspruch mit dem Gesetz, der Verkehr mit den Angeklagten, selbst nach Zustellung der Anklageakte, untersagt. Seit dem 5. August 1851 war Stieber nach eigener Aussage im Besitze des Archives Dietz. Das Archiv Dietz wurde der Anklageakte nicht beigefügt. Erst am 18. Oktober 1852, mitten in öffentlicher Sitzung, wird es produzirt, nur soweit produzirt, als dem Stieber gut dünkt. Geschworne, Angeklagte und Publikum sollen überrascht, übertrumpelt werden, die Advokaten sollen der Polizeiüberraschung waffenlos gegenüberstehen.

Und nun gar seit Vorlage des Original-Protokollbuchs! Die preußische Regierung zitterte vor Enthüllungen. Bermbach aber hatte Vertheidigungsmaterial von Marx erhalten; es war vorauszusehen, daß er Aufklärungen über das Protokollbuch erhalten würde. Durch seine Verhaftung wurde ein neues Verbrechen proklamirt, die Korrespondenz mit Marx, und Gefängnißstrafe auf dieses Verbrechen gesetzt. Das sollte jeden preußischen Bürger abhalten, sich zum Adressaten herzugeben. A bon entendeur demi mot. Bermbach wurde e i n g e s c h l o s s e n, um das Vertheidigungsmaterial a u s z u s c h l i e ß e n. Und Bermbach sitzt fünf Wochen. Hätte man ihn sofort nach Schluß der Prozedur entlassen, so proklamirten die preußischen Gerichte offen ihre willenlos sklavische Unterwerfung unter die preußische Polizei. Bermbach saß ad majorem gloriam der preußischen Richter.

Stieber schwört, daß „Marx nach Verhaftung der Kölner Angeklagten die Ruinen seiner Partei in London wieder zusammengefügt und mit etwa achtzehn Personen eine neue Zentralbehörde gebildet" ıc.

Diese Ruinen waren nie auseinandergegangen, sondern waren so gefügt, daß sie seit dem September 1850 fortwährend eine private society bildeten. Stieber läßt sie durch ein Machtgebot verschwinden, um sie nach Verhaftung der Kölner Angeklagten durch ein anderes Machtgebot in's Leben zurückzurufen, und zwar als neue Zentralbehörde.

Montag, den 25. Oktober, traf die „Kölnische Zeitung" mit dem Bericht über Stieber's Aussage vom 23. Oktober in London ein.

Die „Partei Marx" hatte weder eine neue Zentralbehörde gebildet, noch Protokolle über ihre Zusammenkünfte geführt. Sie erhielt sofort den Hauptfabrikanten des neuen Testamentes — **Wilhelm Hirsch aus Hamburg.**

Hirsch meldete sich Anfang Dezember 1851 bei der „Gesellschaft Marx" als kommunistischer Flüchtling. Briefe aus Hamburg denunzirten ihn gleichzeitig als Spion. Man beschloß indeß, ihn einstweilen in der Gesellschaft zu dulden, zu überwachen und sich Beweise über seine Schuld oder Unschuld zu verschaffen. In der Zusammenkunft vom 15. Januar 1852 wurde ein Brief aus Köln verlesen, worin ein Freund von Marx der abermaligen Verschleppung des Prozesses gedenkt und der Schwierigkeit, selbst für Verwandte, Zutritt zu den Gefangenen zu erhalten. Bei dieser Gelegenheit wird Frau Dr. Daniels erwähnt. Es fiel auf, daß Hirsch seit dieser Sitzung weder in „unmittelbarer Nähe", noch in der Perspektive erblickt wurde. Am 2. Februar 1852 erhielt Marx von Köln die Anzeige, bei Frau Dr. Daniels sei Haussuchung gehalten worden in Folge einer Polizeidenunziation, wonach ein Brief der Frau Daniels an Marx in der Londoner kommunistischen Gesellschaft verlesen und Marx beauftragt worden sei, der Frau Dr. Daniels zu antworten, Marx beschäftige sich damit, den Bund in Deutschland zu reorganisiren u. s. w. Diese Denunziation bildet wörtlich die erste Seite des Original-Protokollbuchs. — Marx antwortete umgehend, da Frau Daniels nie an ihn geschrieben, könne er keinen Brief von ihr verlesen haben. Die ganze Denunziation sei die Erfindung eines gewissen Hirsch, eines lüderlichen jungen Menschen, dem es nicht darauf ankomme, für baares Geld der preußischen Polizei soviele Lügen aufzubinden, als sie wünsche.

Seit dem 15. Januar war Hirsch aus den Zusammenkünften verschwunden; er wurde jetzt definitiv aus der Gesellschaft ausgeschlossen. Zugleich beschloß man, das Gesellschaftslokal und den Tag der Zusammenkunft zu wechseln. Bisher war man zusammengekommen in Farringdon-Street, City, bei J. W. Masters, Markethouse, und zwar **Donnerstags.** Nun verlegte man den Tag der Zusammenkunft auf **Mittwoch** und das Gesellschaftslokal nach Rose and Crown Tavern, Crown-Street, Soho. Hirsch, den „der Polizeidirektor Schulz unerkannt in die Nähe von Marx zu bringen mußte," kannte trotz der „Nähe" noch acht Monate später weder Gesellschaftslokal, noch Zusammenkunftstag. Vor wie nach Februar verharrte er dabei, sein „Original-Protokollbuch" an einem Donnerstag zu fabriziren und von einem Donnerstag zu datiren. Man schlage die „Kölnische Zeitung" nach und man findet: Protokoll vom 15. Januar (Donnerstag), item 29. Januar (Donnerstag), und 4. März (Donnerstag) und 13. Mai (Donnerstag), und 20. Mai (Donnerstag), und 22. Juli (Donnerstag), und 29. Juli (Donnerstag), und 23. September (Donnerstag) und 30. September (Donnerstag).

Der Wirth der Rose and Crown-Tavern gab vor dem Magistrat von Marlborough-Street die Erklärung ab, daß die „Gesellschaft des Dr. Marx" sich seit Februar 1852 jeden Mittwoch bei ihm versammle. Liebknecht und Rings, von Hirsch zu Sekretären seines Original-Protokollbuchs ernannt, ließen ihre Unterschriften vor demselben Magistrat beglaubigen. Endlich verschaffte man sich die Protokolle, die Hirsch im

Stechan'schen Arbeiterverein geführt hatte, so daß seine Handschrift mit der des Original-Protokollbuchs verglichen werden konnte.

So war die Unechtheit des Original-Protokollbuchs bewiesen, ohne daß es nöthig war, auf die Kritik eines Inhaltes einzugehen, der sich in seinen eigenen Widersprüchen auflöst.

Die Schwierigkeit bestand darin, den Advokaten die Dokumente zuzusenden. Die preußische Post war nur noch ein Vorposten, von den den Grenzen des preußischen Staates bis nach Köln aufgestellt, um Vertheidigern die Waffenzufuhr abzuschneiden.

Man mußte zu Umwegen seine Zuflucht nehmen, und die ersten Dokumente, am 25. Oktober abgeschickt, konnten erst am 30. Oktober in Köln anommen.

Die Advokaten waren daher zunächst auf die in Köln selbst sparsam zugänglichen Vertheidigungsmittel angewiesen. Stieber erhielt den ersten Stoß von einer Seite, von der er ihn nicht erwartete. Justizrath Müller, der Vater der Frau Dr. Daniels, ein als Jurist geachteter und wegen seiner konservativen Richtung bekannter Bürger, erklärte in der „Kölnischen Zeitung" vom 26. Oktober, daß seine Tochter nie mit Marx korrespondirt habe, und daß das Originalbuch des Stieber eine „Mystifikation" sei. Der am 3. Februar 1852 nach Köln gesandte Brief, worin Marx den Hirsch als Mouchard und Fabrikanten falscher Polizeinotizen bezeichnete, wurde zufällig aufgefunden und der Vertheidigung zugestellt. In der Austrittserklärung der „Partei Marx" aus dem Great-Windmill-Verein, die im Archiv Dietz vorlag, fand sich die echte Handschrift des W. Liebknecht. Endlich erhielt Advokat Schneider II von dem Sekretär der Kölnischen Armenverwaltung, Birnbaum, echte Briefe des Liebknecht, und von dem Privatschreiber Schmitz echte Briefe des Rings. Auf dem Gerichts-Sekretariat verglichen die Advokaten das Protokollbuch theils mit Liebknecht's Handschrift in der Austrittserklärung, theils mit Briefen von Rings und Liebknecht.

Stieber, schon durch die Erklärung des Justizraths Müller beunruhigt, erhielt Kunde von diesen Unheil verkündenden Schriftforschungen. Um dem drohenden Schlage zuvorzukommen, springt er wieder vor in der Sitzung vom 27. Oktober und erklärt: „Der Umstand sei ihm sehr verdächtig gewesen, daß die in dem Buche vorkommende Unterschrift des Liebknecht von einer anderen, bereits in den Akten enthaltenen sehr abweichend erschienen sei. Er habe deßhalb weitere Erkundigungen eingezogen und gehört, daß der Unterzeichner der fraglichen Protokolle H. Liebknecht heiße, während dem in den Akten vorkommenden Namen W. vorstehe." Auf die Frage des Advokaten Schneider II: „Wer ihm mitgetheilt, daß auch ein H. Liebknecht existire", verweigert Stieber die Antwort. Schneider II fragt ihn weiter nach Auskunft über die Personen des Rings und Ulmer, die neben Liebknecht als Sekretäre unter dem Protokollbuche figuriren. Stieber ahnt eine neue Falle. Dreimal überhört er die Frage und sucht seine Verlegenheit zu verbergen, sucht Fassung zu gewinnen, indem er dreimal ohne allen Anlaß wiederholt, wie er in den Besitz des Protokollbuchs gelangt ist. Endlich stammelt er: Rings und Ulmer möchten wohl keine wirklichen, sondern bloße „Bundes-Namen" sein. Die beständig im Protokollbuche wiederholte Anführung der Frau Daniels als Korrespondentin von Marx erklärt Stieber dadurch, daß man vielleicht Frau Dr. Daniels lesen und

Notariatskandidat Bermbach verstehen müsse. Advokat v. Hontheim interpellirt ihn wegen des Hirsch. „Auch diesen Hirsch, schwört Stieber, kenne er nicht. Daß derselbe aber nicht, wie das Gerücht gehe, ein preußischer Agent sei, gehe daraus hervor, daß man preußischerseits auf denselben vigilirt habe." Auf seinen Wink summt Goldheim hervor: „Er sei im Oktober d. J. 1851 nach Hamburg geschickt worden, um des Hirsch habhaft zu werden." Wir werden sehen, wie derselbe Goldheim am nächsten Tage nach London geschickt wird, um desselben Hirsch habhaft zu werden. Also derselbe Stieber, der behauptet, für baares Geld das Archiv Dietz und das Original-Protokollbuch von Flüchtlingen gekauft zu haben, derselbe Stieber behauptet jetzt, Hirsch könne nicht preußischer Agent sein, weil er Flüchtling sei! Je nachdem es ihm in den Kram paßt, reicht es hin, Flüchtling zu sein, um von Stieber die absolute Verläßlichkeit oder die absolute Unbestechlichkeit garantirt zu erhalten. Und ist nicht Fleury, den Stieber selbst in der Sitzung vom 3. November als Polizeiagenten benunzirt, ist nicht auch dieser Fleury politischer Flüchtling?

Nachdem so von allen Seiten Breschen in sein Original-Protokollbuch geschossen, resumirt sich Stieber am 27. Oktober mit klassischer Unverschämtheit dahin: „Seine Ueberzeugung von der Echtheit des Protokollbuchs stehe fester als je."

In der Sitzung vom 29. Oktober vergleicht der Sachverständige die von Birnbaum und Schmitz eingereichten Briefe des Liebknecht und Rings mit dem Protokollbuch und erklärt die Unterschriften des Protokollbuchs für falsch.

In der Anklagerede erklärt Oberprokurator Seckendorf: „Die in dem Protokollbuch ermittelten Angaben stimmten mit anderwärts ermittelten Thatsachen überein. Nur sei das öffentliche Ministerium völlig außer Stand, die Echtheit des Buches zu beweisen." Das Buch ist echt, aber die Beweise der Echtheit fehlen. Neues Testament! Seckendorf geht weiter: „Die Vertheidigung hat aber selbst bewiesen, daß in dem Buche wenigstens viel Wahres enthalten, indem dasselbe uns über die Thätigkeit des darin genannten Rings, von welcher bis jetzt Keiner wußte, Auskunft gab." Wenn bis jetzt Keiner über die Thätigkeit des Rings wußte, so gibt das Protokollbuch keine Auskunft darüber. Die Aussagen über die Thätigkeit des Rings konnten also den Inhalt des Protokollbuchs nicht bestätigen, und in Bezug auf seine Form bewiesen sie, daß die Unterschrift eines Mitglieds der „Partei Marx" in Wahrheit falsch, nachgemacht sei. Sie bewiesen also nach Seckendorf, „daß in dem Buch wenigstens viel Wahres enthalten ist" — nämlich eine wahre Fälschung. Oberprokuratur (Saedt-Seckendorf) und Postdirektion hatten gemeinsam mit Stieber den Brief an Kothes erbrochen. Sie kannten also das Datum seiner Ankunft. Sie wußten also, daß Stieber einen Meineid schwor, als er den Kourier am 17. und später am 10. Oktober, den Brief aber erst am 19., dann am 12. eintreffen ließ. Sie waren seine Komplizen.

In der Sitzung vom 27. Oktober suchte Stieber vergebens seine Fassung zu behaupten. Jeden Tag fürchtete er das Eintreffen der Belastungs-Dokumente von London. Stieber fühlte sich unwohl, und der in ihm incarnirte preußische Staat fühlte sich unwohl. Die Bloßstellung vor dem Publikum hatte eine gefährliche Höhe erreicht. Polizei-Lieutenant

Goldheim wurde daher am 28. Oktober nach London gesandt, um das Vaterland zu retten. Was machte Goldheim in London? Den Versuch, mit Hülfe des Greif und Fleury den Hirsch zu bewegen, nach Köln zu kommen und unter dem Namen H. Liebknecht die Echtheit des Protokollbuchs zu beschwören. Eine förmliche Staatspension wurde dem Hirsch angeboten, aber Hirsch besaß seinen Polizeiinstinkt so gut wie Goldheim. Hirsch wußte, daß er weder Prokurator, noch Polizei-Lieutenant, noch Polizei-Rath, also nicht zum Meineid privilegirt war. Es ahnte dem Hirsch, daß man ihn fallen lassen werde, sobald die Sache schief gehe. Hirsch wollte nicht zum Bock werden, am wenigsten zum Sündenbock. Hirsch schlug rund ab. Der christlich germanischen Regierung Preußens bleibt aber der Ruhm, daß sie einen falschen Zeugen zu kaufen suchte in einer Kriminal-Prozedur, wo es sich um die Köpfe ihrer angeklagten Landeskinder handelte.

Goldheim kehrt also unverrichteter Sache nach Köln zurück.

In der Sitzung vom 3. November, nach Beendigung der Anklagerede, vor Beginn der Vertheidigung, zwischen Thür und Angel, springt Stieber noch einmal dazwischen.

„Er habe, schwört Stieber, nun weitere Recherchen über das Protokollbuch veranlaßt. Er habe den Polizei-Lieutenant Goldheim von Köln nach London geschickt, und diesem den Auftrag ertheilt, jene Recherchen vorzunehmen. Goldheim sei am 28. Oktober abgereist, am 2. November wieder eingetroffen. Hier sei Goldheim." Auf einen Wink des Gebieters summt Goldheim vor und schwört: „er habe sich, in London angekommen, zunächst an den Polizei-Lieutenant Greif gewandt, dieser habe ihn zu dem Polizei-Agenten Fleury in dem Stadttheil Kensington geführt, als zu demjenigen Agenten, der das Buch an Greif gegeben habe. Fleury habe dies ihm, dem Zeugen Goldheim, eingeräumt, und behauptet, daß er das Buch wirklich von einem Mitglied der Marx'schen Partei, Namens H. Liebknecht, erhalten habe. Fleury habe die Quittung des H. Liebknecht über das für das Buch erhaltene Geld ausdrücklich anerkannt. Zeuge habe des Liebknecht selbst nicht in London habhaft werden können, da dieser sich nach der Behauptung des Fleury gescheut habe, öffentlich hervorzutreten. Er Zeuge habe in London die Ueberzeugung erhalten, daß der Inhalt des Buchs, einige Irrthümer abgerechnet, ganz echt sei. Er habe dies namentlich durch zuverlässige Agenten, welche den Sitzungen des Marx beigewohnt hätten, bestätigt erhalten, aber das Buch sei kein Original-Protokollbuch, sondern nur ein Notizenbuch über die Vorgänge in den Marx'schen Sitzungen. Für die allerdings noch nicht völlig aufgeklärte Entstehungsart des Buches gebe es nur zwei Wege. Entweder rühre solches, wie der Agent fest versichert, wirklich von Liebknecht her, der, um seinen Verrath nicht klar zu machen, es vermieden habe, seine Handschrift herzugeben, oder der Agent Fleury habe die Notizen zu dem Buche von zwei andern Freunden des Marx, den Flüchtlingen Dronke und Imandt, erhalten, und habe diese Notizen, um seiner Waare einen desto höheren Werth zu geben, in die Form eines Original-Protokollbuchs gebracht. Es sei nämlich durch den Polizei Lieutenant Greif amtlich festgestellt worden, daß Dronke und Imandt mit Fleury häufig verkehrt hätten..... Der Zeuge Goldheim versichert, daß er sich in London überzeugt habe, wie alles, was früher über die geheimen Sitzungen bei Marx, über die Verbindungen zwischen London und Köln, über den geheimen Briefwechsel u. s. w. angegeben sei, völlig der Wahrheit entspreche. Zum Beweise, wie gut die preußischen Agenten noch heute in London unterrichtet seien, führt Zeuge Goldheim an, daß am 27. Oktober eine ganz geheime Sitzung bei Marx stattgefunden habe, in welcher man die Schritte berathen, welche gegen das Protokollbuch und namentlich gegen den der Londoner Partei sehr unangenehmen Polizeirath Stieber ergriffen werden sollten. Die betreffenden Beschlüsse und Dokumente seien ganz geheim an den Advokat-Anwalt Schneider II. geschickt worden. Unter den an Schneider II. geschickten Papieren sei namentlich noch ein Privatschreiben, das Stieber selbst im Jahr 1848 an Marx nach Köln geschrieben und das Marx sehr geheim gehalten, weil er damit den Zeugen Stieber zu kompromittiren hoffe."

Zeuge Stieber springt vor und erklärt, er habe damals wegen einer infamen Verleumdung an Marx geschrieben, ihm einen Prozeß angedroht ꝛc. „Kein Mensch außer Marx und ihm könne dies wissen, und sei dies allerdings der beste Beweis für die Richtigkeit der aus London gekommenen Mittheilungen."

Also nach Goldheim ist das Original-Protokollbuch, die falschen Partien abgerechnet, „ganz echt". Was ihn von der Echtheit überführt hat, ist namentlich der Umstand, daß das Original-Protokollbuch kein Original-Protokollbuch, sondern nur ein „Notizenbuch" ist. Und Stieber? Stieber fällt nicht aus den Wolken, ein Stein fällt ihm vielmehr vom Herzen. Vor Thoresschluß, als das letzte Wort der Anklage kaum noch verhallt und das erste Wort der Vertheidigung noch nicht erschallt ist, läßt Stieber durch seinen Goldheim das Original-Protokollbuch noch rasch in ein Notizenbuch verwandeln. Wenn zwei Polizisten sich wechselseitig der Lüge zeihen, beweist das nicht, daß sie beide der Wahrheit fröhnen? Stieber hat sich durch Goldheim den Rückzug gedeckt.

Goldheim schwört, „er habe sich, in London angekommen, zunächst an den Polizei-Lieutenant Greif gewandt, dieser habe ihn zu dem Polizei-Agenten Fleury in dem Stadttheil Kensington geführt." Wer wird nun nicht schwören, daß der arme Goldheim mit dem Polizei-Lieutenant Greif sich müde gerannt und gefahren hat, ehe er in dem entlegenen Stadttheil Kensington bei Fleury ankam? Aber Polizei-Lieutenant Greif wohnt im Hause des Polizei-Agenten Fleury und zwar in der oberen Etage des Fleury'schen Hauses, so daß in Wirklichkeit nicht der Greif den Goldheim zu Fleury, sondern der Fleury den Goldheim zu Greif führte.

„Der Polizei-Agent Fleury im Stadttheil Kensington!" Welche Bestimmtheit! Könnt Ihr noch an der Wahrhaftigkeit der preußischen Regierung zweifeln, die ihre eigenen Mouchards benutzirt, mit Namen und Wohnung, mit Haut und Haar? Ist das Protokollbuch falsch, haltet Euch nur an den „Polizei-Agenten Fleury in Kensington". Ja wohl. An den Privat-Sekretär Pierre im 13. Arrondissement. Wenn man ein Individuum spezifiziren will, so nennt man nicht nur seinen Familiennamen, sondern auch seinen Vornamen. Nicht Fleury, sondern Charles Fleury. Man bezeichnet das Individuum mit dem Geschäft, das es öffentlich führt, nicht mit einem Gewerbe, das es heimlich treibt.

Also Kaufmann Charles Fleury, nicht Polizeiagent Fleury. Und wenn man seine Wohnung angeben will, so bezeichnet man nicht blos ein Londoner Stadtviertel, das selbst wieder eine Stadt ist, sondern Stadtviertel, Straße und Hausnummer. Also nicht Polizei-Agent Fleury in Kensington, sondern Kaufmann Charles Fleury, 17 Victoria Road, Kensington.

Aber „Polizei-Lieutenant Greif", das ist wenigstens von der Leber weg gesprochen. Wenn aber Polizei-Lieutenant Greif sich in London an die Gesandtschaft attachirt und aus dem Lieutenant ein attaché wird, so ist das ein attachement, welches die Gerichte nichts angeht. Der Zug des Herzens ist des Schicksals Stimme.

Also der Polizei-Lieutenant Goldheim versichert, der Polizei-Agent Fleury versichere, er habe das Buch von einem Menschen erhalten, der wirklich versichere, H. Liebknecht zu sein, und dem Fleury sogar eine Quittung ausgestellt habe. Nur konnte Goldheim des H. Liebknecht nicht „habhaft werden" zu London. Goldheim konnte also ruhig zu Köln bleiben, denn die Versicherung des Polizeiraths Stieber wird dadurch nicht fetter, daß sie nur als eine Versicherung des Polizei-Lieutenants Goldheim erscheint, die der Polizei Lieutenant Greif versichert, dem seinerseits wieder der Polizei-Agent Fleury den Gefallen thut, seine Versicherung zu versichern.

Unbeirrt durch seine wenig aufmunternden Londoner Erfahrungen hat sich Goldheim mit dem ihm eigenthümlichen großen Ueberzeugungsvermögen, das ihm das Urtheilsvermögen ersetzen muß, „völlig" überzeugt, daß „Alles", was Stieber über die „Partei Marx", ihre Verbindungen mit Köln u. s. w. beschworen hat, „Alles völlig der Wahrheit entspreche." Und jetzt, nachdem ihm sein Subalternbeamter Goldheim ein testimonium paupertatis ausgestellt hat, Polizei-Rath Stieber wäre noch jetzt nicht gedeckt? Ein Resultat hat Stieber durch seine Art zu schwören erreicht, er hat die preußische Hierarchie umgestülpt. Ihr glaubt dem Polizei Rath nicht? Gut. Er hat sich kompromittirt. Ihr werdet dann doch dem Polizei-Lieutenant glauben. Ihr glaubt dem Polizei-Lieutenant nicht? Noch besser. Dann bleibt Euch nichts übrig, als wenigstens dem Polizei-Agenten, alias mouchardus vulgaris, zu glauben. Solche ketzerische Begriffsverwirrung richtet der schwörende Stieber an.

Nachdem Goldheim bisher den Beweis geliefert, daß er zu London die Nichtexistenz des Original-Protokollbuches und von der Existenz des H. Liebknecht nur das konstatirt hat, daß ihrer zu London nicht „habhaft" zu werden ist, nachdem er sich eben dadurch überzeugt, daß „alle" Aussagen des Stieber über die „Partei Marx" „völlig der Wahrheit" entsprechen, muß er doch endlich, außer diesen negativen Argumenten, worin nach Seckendorf zwar „viel Wahres" liegt, auch das positive Argument liefern, „wie gut die preußischen Agenten noch heute in London unterrichtet sind." Als Probe führt er an, am 27. Oktober habe eine „ganz geheime Sitzung bei Marx stattgefunden". In dieser ganz geheimen Sitzung habe man die Schritte gegen das Protokollbuch und den „sehr unangenehmen" Polizei-Rath Stieber berathen. Die betreffenden Dekrete und Beschlüsse seien „ganz geheim an den Advokat Schneider II. geschickt worden".

Obgleich die preußischen Agenten diesen Sitzungen beiwohnten, blieb ihnen der Weg, den diese Briefe nahmen, jedoch so „ganz geheim", daß die Post sie trotz aller Anstrengungen nicht abzuhalten vermochte. Man höre, wie im alternden Gemäuer melancholisch noch das Heimchen zirpt: „Die betreffenden Briefe und Dokumente seien ganz geheim an den Advokat Schneider II. geschickt worden." Ganz geheim für die geheimen Agenten des Goldheim.

Die imaginären Beschlüsse über das Protokollbuch können nicht am 27. Oktober in der ganz geheimen Sitzung bei Marx gefaßt worden sein, da Marx schon am 25. Oktober die Hauptberichte über die Unechtheit des Protokollbuches, zwar nicht an Schneider II., wohl aber an Herrn v. Hontheim sandte.

Daß überhaupt Dokumente nach Köln geschickt worden, das sagte der Polizei nicht nur ihr böses Gewissen. Am 29. Oktober langte Goldheim in London an. Am 30. Oktober fand Goldheim im „Morning Avertiser", im „Spectator", im „Examiner", im „Leader", im „Peoples Paper" eine Erklärung, gez. Engels, Freiligrath, Marx und Wolff, worin diese das englische Publikum auf die Enthüllungen verweisen, welche die Vertheidigung über die forgery, perjury, falsification of documents, kurz über die preußischen Polizei-Infamien bringen werde. So „ganz geheim" wurde das Versenden der Dokumente gehalten, daß die „Partei Marx" das englische Publikum öffentlich davon in Kenntniß setzte, allerdings erst am 30. Oktober, nachdem Goldheim in London und die Dokumente in Köln angelangt sind.

Indeß auch am 27. Oktober wurden Dokumente nach Köln geschickt. Woher erfuhr die allwissende preußische Polizei dies?

Die preußische Polizei agirte nicht ganz geheim, wie die „Partei Marx". Sie hatte vielmehr ganz öffentlich zwei ihrer Mouchards seit Wochen vor das Haus von Marx aufgepflanzt, die ihn du soir jusqu'au matin und du matin jusqu'au soir von der Straße aus beobachteten und ihm auf Schritt und Tritt nachgingen. Nun hatte Marx am 27. Oktober die ganz geheimen Dokumente, die die echten Handschriften des Liebknecht und Rings und die Aussage des Wirthes der Crown-Tavern über den Zusammenkunftstag enthielten, diese ganz geheimen Dokumente hatte er in dem ganz öffentlichen Polizeigerichte in Marlborough-Street in Gegenwart der Reporters der englischen Tagespresse amtlich beglaubigen lassen. Die preußischen Schutzengel folgten ihm von seiner Wohnung nach Marlborough-Street und von Marlborough-Street nach seiner Wohnung zurück und von seiner Wohnung wieder nach der Post. Sie verschwanden erst, als Marx einen ganz geheimen Gang zum Polizei-Richter des Viertels machte, um einen Verhaftsbefehl gegen seine zwei „Anhänger" zu erwirken.

Uebrigens hatte die preußische Regierung noch einen andern Weg. Marx sandte nämlich die am 27. Oktober beglaubigten und vom 27. Oktober datirten Dokumente direkt durch die Post nach Köln, um das ganz geheim abgeschickte Duplikat derselben vor den Griffen des preußischen Adlers zu sichern. Post und Polizei zu Köln wußten also, daß vom 27. Oktober datirte Dokumente von Marx verschickt waren und Goldheim brauchte nicht nach London zu reisen, um das Geheimniß zu entdecken.

Goldheim fühlt, daß er endlich „namentlich" irgend etwas „namentlich" angeben müsse, was in der „ganz geheimen Sitzung vom 27. Oktober" an Schneider II zu schicken beschlossen wurde, und er nennt den von Stieber an Marx gerichteten Brief. Leider hat aber Marx diesen Brief nicht am 27., sondern am 25. Oktober, und nicht an Schneider II, sondern an Herrn v. Hontheim geschickt. Aber woher wußte die Polizei, daß Marx überhaupt den Brief Stieber's noch besaß und der Vertheidigung zuschicken werde? Doch lassen wir Stieber wieder vorspringen.

Stieber hofft Schneider II von der Vorlesung des ihm sehr „unangenehmen Briefes" abzuhalten, indem er das praevenire spielt. Wenn Goldheim sagt, Schneider II besitze meinen Brief, und zwar durch „kriminelle Verbindung mit Marx", kalkulirt Stieber, so wird Schneider II den Brief unterdrücken, um zu beweisen, daß Goldheim's Agenten falsch unterrichtet sind und er selber nicht in krimineller Verbindung mit Marx steht. Stieber springt also vor, gibt den Inhalt des Briefes falsch an und schließt mit dem erstaunlichen Ausruf: „Kein Mensch außer ihm und Marx könne dies wissen und sei dies allerdings der **beste Beweis der Glaubwürdigkeit der aus London gekommenen Mittheilungen.**"

Stieber besitzt eine eigenthümliche Methode, ihm unangenehme Geheimnisse verborgen zu halten. Wenn er nicht spricht, muß alle Welt schweigen. Außer ihm und einer gewissen ältlichen Dame kann daher „kein Mensch wissen", daß er einst in der Nähe von Weimar als homme entretenu gelebt hat. Aber wenn Stieber allen Grund hatte, Niemand außer Marx, hatte Marx allen Grund, Jedermann außer Stieber von dem Briefe wissen zu lassen. Man kennt jetzt den **besten Beweis** der aus London gekommenen Mittheilungen. Wie mag Stieber's schlechtester Beweis aussehen?

Aber Stieber schwört wieder wissentlich einen Meineid, wenn er sagt: „kein Mensch außer mir und Marx können dies wissen." Er wußte, daß nicht Marx, sondern ein anderer Redakteur der „Rheinischen Zeitung" auf seinen Brief geantwortet hatte. Das war jedenfalls „ein Mensch außer ihm und Marx". Damit noch mehr Menschen davon wissen, lassen wir hier den Brief folgen:

In Nr. 177 der „Neuen Rheinischen Zeitung" findet sich eine Korrespondenznachricht aus Frankfurt a. M. vom 21. Dezember, welche die niederträchtige Lüge enthält, daß ich als Polizeispion nach Frankfurt gegangen sei, um unter dem Schein demokratischer Gesinnung die Mörder des Fürsten Lichnowski und des Generals Auerswald zu ermitteln. Ich bin allerdings am 21. in Frankfurt gewesen, habe mich dort nur einen Tag aufgehalten und habe dort, wie Sie aus beiliegender Bescheinigung ersehen werden, nur eine Privatangelegenheit der hiesigen Frau v. Schwezler zu reguliren gehabt, ich bin längst nach Berlin zurückgekehrt, wo ich meine Thätigkeit als Defensor längst wieder begonnen habe. Ich verweise Sie übrigens auf die bereits in dieser Angelegenheit ergangene offizielle Berichtigung in Nr. 338 der „Frankfurter Oberpostamts-Zeitung" vom 21. Dezember und Nr. 248 der hiesigen „National-Zeitung". Ich glaube von Ihrer Wahrheitsliebe erwarten zu dürfen, daß Sie sofort die anliegende Berichtigung in Ihr Blatt aufnehmen und mir den Einsender der lügenhaften Nachricht, der Ihnen gesetzlich obliegenden Verpflichtung gemäß, nennen werden, da ich eine solche Verläumdung unmöglich ungerügt lassen kann und ich sonst zu meinem Bedauern genöthigt sein werde, gegen eine Wohllöbliche Redaktion selbst Schritte zu unternehmen.

Ich glaube, daß die Demokratie in neuester Zeit Niemanden mehr Dank schuldig ist als gerade m i r. Ich bin es gewesen, der hunderte angeklagter Demokraten aus den Netzen der Kriminaljustiz gerissen hat. Ich bin es gewesen, der noch im hiesigen Belagerungszustand, als die feigen, erbärmlichen Kerle (sogenannte Demokraten) längst das Feld geräumt hatten, unerschrocken und emsig den Behörden entgegengetreten ist und es noch heute thut. Wenn demokratische Organe in solcher Weise mit mir umgehen, so ist das wenig Aufmunterung zu ferneren Bestrebungen.

Das Beste bei der Sache ist aber im vorliegenden Falle die Plumpheit der demokratischen Organe. Das Gerücht, ich ginge als Polizeiagent nach Frankfurt, ist zuerst von der „Neuen Preußischen Zeitung", diesem berüchtigten Organ der Reaktion, ausgesprengt worden, um meine ihr störende Thätigkeit als Defensor zu untergraben. Die andern Berliner Blätter haben dies längst berichtigt. Die demokratischen Organe sind aber so ungeschickt, eine solche dumme Lüge nachzubeten. Wollte ich als Spion nach Frankfurt gehen, so würde es gewiß nicht vorher in allen Blättern stehn, wie sollte auch Preußen einen Polizeibeamten nach Frankfurt schicken, wo amtskundige Beamte genug sind? Die Dummheit war stets ein Fehler der Demokratie und ihre Gegner siegten durch Schlauheit.

Eben so ist es eine niederträchtige Lüge, daß ich vor Jahren in Schlesien als Polizeispion gewesen sei. Ich war damals öffentlich angestellter Polizeibeamter und habe als solcher meine Schuldigkeit gethan. Es sind niederträchtige Lügen über mich verbreitet worden. Ein Mensch soll auftreten und beweisen, daß ich mich bei ihm eingeschlichen hätte. Lügen und behaupten kann Jeder. Ich erwarte also von Ihnen, den ich für einen ehrlichen anständigen Mann halte, umgehende befriedigende Antwort. Die demokratischen Zeitungen sind bei uns durch ihre vielen Lügen verrufen worden, mögen Sie nicht gleiches Ziel verfolgen.

Berlin, 26. Dezember 1848.

Ergebenst
Stieber, Doktor der Rechte u. s. w., Berlin, Ritterstraße 65.

Woher wußte nun Stieber, daß am 27. Oktober sein Brief von Marx an Schneider II geschickt war? Aber er wurde nicht am 27., sondern am 25. Oktober, und nicht an Schneider II, sondern an v. Hontheim verschickt. Stieber wußte also nur, daß der Brief noch existire, und er ahnte, daß Marx ihn irgend einem Vertheidiger mittheilen werde. Woher diese Ahnung? Als die „Kölnische Zeitung" Stieber's Aussage vom 18. Oktober über Cherval 2c. nach London brachte, schrieb Marx an die „Kölnische Zeitung", an die „Berliner Nationalzeitung" und an das „Frankfurter Journal" eine vom 21. Oktober datirte Erklärung, an deren Schluß dem Stieber mit seinem noch vorhandenen Brief gedroht wird. Um den Brief „ganz geheim" zu halten, kündigt ihn Marx selbst in den Zeitungen an. Er scheitert an der Feigheit der deutschen Tagespresse, aber die preußische Post war nun instruirt, und mit der preußischen Post ihr — Stieber.

Was also hat Goldheim aus London heimgezirpt?

Daß Hirsch nicht falsch schwört, daß H. Liebknecht keine „faßbare" Existenz besitzt und das Originalprotokollbuch kein Originalprotokollbuch ist, daß die allwissenden Londoner Agenten Alles wissen, was die „Partei Marx" in der Londoner Presse veröffentlicht hat. Um die Ehre der preußischen Agenten zu retten, legt Goldheim ihnen die spärlichen, durch Brieferbrechung und Briefunterschlagung aufgestöberten Notizen in den Mund.

In der Sitzung vom 4. November, nachdem Schneider II den Stieber und sein Protokollbuch vernichtet, ihn der Fälschung und des Meineids überwiesen hat, springt Stieber zum letzten Male vor und macht seiner sittlichen Entrüstung Luft. Sogar, ruft er aus indignirter Seele, sogar Herrn Wermuth, den Polizeidirektor Wermuth wagt man des Meineids zu zeihen. Stieber ist also wieder zur orthodoxen Stufenleiter zurückgekehrt, zur aufsteigenden Linie. Früher bewegte er sich in heteroboxer, in absteigender Linie. Wolle man ihm, dem Polizei-Rath, nicht glauben, so doch seinem Polizei Lieutenant, wenn nicht dem Polizei-Lieutenant, so doch dessen Polizei-Agenten, wenn nicht dem Agenten Fleury, so doch dem Unter-Agenten Hirsch. Jetzt umgekehrt. Er, der Polizei-Rath, könne vielleicht falsch schwören, aber Wermuth, ein Polizei-Direktor! Unglaublich! In seinem Unmuth lobt er den Wermuth mit steigender Bitterkeit, schenkt dem Publikum reinen Wermuth ein, Wermuth als Mensch, Wermuth als Advokat, Wermuth als Familienvater, Wermuth als Polizeidirektor, Wermuth for ever.

Selbst jetzt in öffentlicher Sitzung sucht Stieber die Angeklagten immer noch au secret zu halten und eine Barriere zwischen der Vertheidigung und dem Vertheidigungsmaterial aufzuschlagen. Er beschuldigt Schneider II „krimineller Verbindung" mit Marx. Schneider begehe in ihm ein Attentat auf die höchsten preußischen Behörden. Selbst der Assisenpräsident Göbel, ein Göbel selbst, fühlt sich erdrückt unter der Wucht Stieber. Er kann nicht umhin; wenn auch in furchtsam-serviler Weise, läßt er einige Ruthenstreiche auf Stieber's Nacken fallen. Aber Stieber hat seinerseits Recht. Es ist nicht sein Individuum, es ist die Prokuratur, das Gericht; die Post, die Regierung, das Polizeipräsidium zu Berlin, es sind die Ministerien, es ist die preußische Gesandtschaft zu London, kurz es ist der preußische Staat, der mit ihm am Pranger steht, das Originalprotokollbuch in der Hand.

Herr Stieber hat nun die Erlaubniß, die Antwort der „Neuen Rhein. Zeitung" auf seinen Brief drucken zu lassen.

Kehren wir noch einmal mit Goldheim nach London zurück.

Wie Stieber noch immer nicht weiß, wo Cherval sich aufhält und wer Cherval eigentlich ist, so ist nach Goldheim's Aussage (Sitzung vom 8. November) die Entstehungsart des Protokollbuchs immer noch nicht völlig aufgeklärt. Um sie aufzuklären, gibt Goldheim zwei Hypothesen.

„Für die noch nicht völlig aufgeklärte Entstehungsart des Buchs gibt es, sagt er, nur zwei Wege. Entweder rühre solches, wie der Agent fest versichert, wirklich von Liebknecht her, der, um seinen Verrath nicht klar zu machen, es vermieden habe, seine Handschrift herzugeben."

W. Liebknecht gehört notorisch der „Partei Marx" an. Aber die im Protokollbuch befindliche Unterschrift Liebknecht gehört so notorisch nicht dem W. Liebknecht. Stieber schwört daher in der Sitzung vom 27. Oktober, der Besitzer dieser Unterschrift sei auch nicht jener W. Liebknecht, sondern ein anderer Liebknecht, ein H. Liebknecht. Er habe die Existenz dieses Doppelgängers erfahren, ohne die Quelle seiner Erfahrung angeben zu können. Goldheim schwört: „Fleury habe behauptet, daß er das Buch wirklich von einem Mitglied der „Marx'schen Partei", Namens H. Liebknecht, erhalten hat." Goldheim schwört ferner: „er habe dieses H. Liebknecht zu London nicht habhaft werden können." Welches Existenzzeichen hat also bisher der von Stieber entdeckte H. Liebknecht der Welt im Allgemeinen und dem Polizeileutenant Goldheim im Besonderen gegeben? Kein Existenzzeichen, außer seiner Handschrift im Originalprotokollbuch; aber jetzt erklärt Goldheim: „Liebknecht habe es vermieden, seine Handschrift herzugeben."

H. Liebknecht existirte bisher nur als Handschrift. Jetzt bleibt also nichts mehr von H. Liebknecht übrig, nicht einmal eine Handschrift, nicht einmal der Punkt auf dem i. Woher aber Goldheim weiß, daß der H. Liebknecht, dessen Existenz er aus der Handschrift des Protokollbuchs kennt, eine vom Protokollbuch verschiedene Handschrift schreibt, das bleibt ein Geheimniß Goldheim's. Wenn Stieber seine Wunder hat, warum sollte nicht Goldheim seine Wunder haben?

Goldheim vergißt, daß sein Vorgesetzter Stieber die Existenz des H. Liebknecht vorgeschworen, daß er selbst sie noch eben geschworen hat. In demselben Athemzug, worin er auf den H. Liebknecht schwört, erinnert er sich, daß H. Liebknecht nur ein von Stieber erfundener Nothbehelf, eine Nothlüge war, und Noth hat kein Gebot. Er erinnert sich, daß es nur einen echten Liebknecht gibt, den W. Liebknecht, daß aber, wenn der W. Liebknecht echt, die Protokollbuchsunterschrift falsch ist. Er darf nicht gestehen, daß Fleury's Unteragent Hirsch mit dem falschen Protokollbuch auch die falsche Unterschrift fabrizirt hat. Er macht daher die Hypothese: „Liebknecht habe es vermieden, seine Unterschrift herzugeben." Machen wir auch einmal eine Hypothese. Goldheim hat früher einmal Banknoten gefälscht. Er wird vor Gericht gestellt, es wird bewiesen, daß die auf der Note figurirende Unterschrift nicht diejenige des Bankdirektors ist. Nehmen Sie mir es nicht übel, meine Herren, wird Goldheim sagen, nehmen Sie es nicht übel. Die Banknote ist echt. Sie rührt vom Bankdirektor selbst her. Wenn sein Name nicht in seiner eigenen, sondern in einer falschen Unterschrift ausgefertigt ist, was thut das zur Sache? „Er hat es eben vermieden, seine Handschrift herzugeben."

Oder, fährt Goldheim fort, wenn die Hypothese mit dem Liebknecht falsch ist:

„Oder der Agent Fleury habe die Notizen zu dem Buche von zwei anderen Freunden des Marx, den Flüchtlingen Dronke und Imandt, erhalten und habe diese Notizen, um seiner Waare einen desto höheren Werth zu geben, in die Form eines Originalprotokollbuchs gebracht. Es sei nämlich durch den Polizeilieutenant Greif amtlich festgestellt worden, daß Dronke und Imandt mit Fleury häufig verkehrt hätten."

Oder? Wieso oder? Wenn ein Buch, wie das Orginalprotokollbuch, von drei Leuten unterschrieben ist, von Liebknecht, Rings und Ulmer, so wird Niemand schließen: „es rührt von Liebknecht her" — oder von Dronke und Imandt, sondern: es rührt von Liebknecht her oder von Rings und von Ulmer. Sollte der unglückliche Goldheim, der sich nun einmal zu einem disjunktiven Urtheil verstiegen hat — Entweder, Oder — sollte er nun abermals sagen: „Rings und Ulmer haben es vermieden, ihre Handschrift herzugeben?" Selbst Goldheim hält eine neue Wendung für unvermeidlich.

Wenn das Original-Protokollbuch nicht von Liebknecht herrührt, wie der Agent Fleury behauptet, so hat Fleury selbst es gemacht, aber die Notizen dazu hat er von Dronke und Imandt erhalten, von denen der Polizeilieutenant Greif amtlich festgestellt hat, daß sie häufig mit Fleury verkehrten.

„Um seiner Waare einen desto höheren Werth zu geben", sagt Goldheim, bringt Fleury die Notizen in die Form eines Originalprotokollbuchs. Er begeht nicht nur einen Betrug, er macht falsche Unterschriften, Alles, „um seiner Waare einen höheren Werth zu geben." Ein so gewissenhafter Mann, wie dieser preußische Agent, der aus Gewinnsucht falsche Protokolle, falsche Unterschriften fabrizirt, ist jedenfalls unfähig, f a l s c h e N o t i z e n zu fabriziren. So schließt Goldheim.

Dronke und Imandt kamen erst im April 1852, nachdem sie von den Schweizer Behörden ausgewiesen worden, nach London. Ein Drittheil des Original-Protokollbuchs besteht aber aus den Protokollen der Monate Januar, Februar und März 1852. Ein Drittheil des Original-Protokollbuchs hat Fleury also jeder.falls o h n e Dronke und Imandt gemacht, obgleich Goldheim schwört: entweder Liebknecht hat das Protokollbuch gemacht — oder Fleury hat es gemacht, aber nach den Notizen von Dronke und Imandt. Goldheim schwört's, und Goldheim ist zwar nicht Brutus, aber doch Goldheim.

Aber so bleibt die Möglichkeit, daß Dronke und Imandt dem Fleury die Notizen seit April geliefert haben, denn, schwört Goldheim: „Es sei durch den Polizeilieutnant Greif amtlich festgestellt worden, daß Dronke und Imandt häufig mit Fleury verkehrt hätten."

Kommen wir auf diesen Verkehr.

Fleury war, wie schon oben bemerkt, zu London nicht als preußischer Polizeiagent bekannt, sondern als City-Kaufmann, und zwar als demokratischer Kaufmann. Aus Altenburg gebürtig, war er als politischer Flüchtling nach London gekommen, hatte später eine Engländerin aus angesehener und wohlhabender Familie geheirathet und lebte scheinbar zurückgezogen mit seiner Frau und seinem Schwiegervater, einem alten industriellen Q u ä k e r. Den 8. oder 9. Oktober trat Imandt in „häufigen Verkehr" mit Fleury, nämlich in den Verkehr des Unterrichtgebers. Nach der verbesserten Aussage des Stieber traf aber das Original-Protokollbuch am 10., nach der Schlußaussage des Goldheim am 11. Oktober in Köln ein. Fleury hatte also, als der ihm bisher gänzlich unbekannte Imandt seine erste französische Stunde bei ihm gab, das Original-Protokollbuch nicht nur schon in rothen Saffian binden lassen, er hatte es bereits dem außerordentlichen Kourier übergeben, der es nach Köln trug. So sehr verfaßte Fleury sein Protokollbuch nach den Notizen des Imandt. Den Dronke aber sah Fleury nur einmal zufällig bei Imandt, und zwar erst am 30. Oktober, nachdem das Original-Protokollbuch schon längst wieder in sein ursprüngliches Nichts zurückgefallen war.

So begnügt sich die christlich-germanische Regierung nicht damit, Pulte zu erbrechen, fremde Papiere zu stehlen, falsche Aussagen zu erschleichen, falsche Komplotte zu stiften, falsche Dokumente zu schmieden, falsche Eide zu schwören, Bestechung zu falschen Zeugnissen zu versuchen, — Alles, um eine Verurtheilung der Kölner Angeklagten zu erwirken. Sie sucht einen infamirenden Verdacht auf die Londoner Freunde der Angeklagten zu werfen, um ihren Hirsch zu verstecken, von dem Stieber geschworen, daß er ihn nicht kennt, und Goldheim, daß er kein Spion sei.

Freitag den 5. November brachte die „Kölnische Zeitung" den Bericht über die Assisensitzung vom 3. November mit Goldheims Aussage nach London. Man zog sofort Erkundigungen über Greif ein und erfuhr noch denselben Tag, daß er bei Fleury wohne. Gleichzeitig begaben sich Dronke und Imandt mit der „Kölner Zeitung" zu Fleury. Sie lassen ihn Goldheim's Aussage lesen. Er erbleicht, sucht Fassung zu gewinnen, spielt den Erstaunten und erklärt sich durchaus bereit, vor einem englischen Magistrat Zeugniß gegen Goldheim abzulegen. Vorher aber müsse er noch seinen Advokaten sprechen. Ein Rendezvous für den Nachmittag des folgenden Tages, Samstag den 6. November, wird festgesetzt. Fleury verspricht, seine amtlich beglaubigte Aussage fertig zu diesem Rendezvous mitzubringen. Er erschien natürlich nicht. Imandt und Dronke begaben sich daher Samstag Abend in seine Wohnung und fanden hier folgenden für Imandt bestimmten Zettel vor:

„Durch Hülfe des Advokaten ist Alles abgemacht, weiteres ist vorbehalten, sobald die Person ermittelt ist. Der Advokat hat die Sache noch heute abgehen lassen. Das Geschäft machte meine Anwesenheit in der City nothwendig. Wollen Sie mich morgen besuchen, ich bin den ganzen Nachmittag bis 5 Uhr zu Hause. Fl."

Auf der andern Seite des Zettels befindet sich die Nachschrift: „Ich komme soeben zu Hause, mußte mit Herrn Werner und meiner Frau ausgehen, wovon Sie sich morgen überzeugen können. Schreiben Sie mir, auf welche Zeit Sie kommen wollen."

Imandt hinterließ folgende Antwort: „Ich bin außerordentlich überrascht, Sie jetzt nicht zu Hause zu treffen, da Sie sich auch diesen Nachmittag zu dem verabredeten Rendezvous nicht eingestellt haben. Ich muß Ihnen gestehen, daß durch die Umstände mein Urtheil über Sie bereits feststeht. Wenn Sie Interesse haben, mich eines Andern zu belehren, so werden Sie zu mir kommen, und schon morgen früh, denn ich kann Ihnen nicht dafür einstehen, daß Ihre Eigenschaft als preußischer Polizeispion nicht in englischen Blättern besprochen wird. Imandt."

Fleury erschien auch Sonntag Morgen nicht. Dronke und Imandt begaben sich also am Abend wieder zu ihm, um unter dem Scheine, als sei ihr Vertrauen nur im ersten Augenblicke erschüttert worden, seine Erklärung zu erhalten. Unter allerlei Zögerungen und Unschlüssigkeiten kam die Erklärung zu Stande. Namentlich schwankte Fleury, als man ihn darauf aufmerksam machte, daß er nicht nur seinen Familiennamen, sondern auch seinen Vornamen unterzeichnen müsse. Die Erklärung lautete wörtlich wie folgt:

„An die Redaktion der „Kölnischen Zeitung".

Der Unterzeichnete erklärt, daß er Herrn Jmandt ungefähr einen Monat kennt, während welcher Zeit ihm derselbe Unterricht im Französischen ertheilt, daß er Herrn Dronke zum erstenmal Samstag den 30. Oktober b. J. gesehen.

Daß Keiner von Beiden ihm Mittheilungen gemacht, die in Beziehung zu dem im Kölner Prozeß figurirenden Protokollbuch stehen.

Daß er keine Person kennt, die den Namen Liebknecht trägt, noch in irgend einer Verbindung mit einer solchen gestanden.

London, 8. November 1852. Kensington.

Charles Fleury."

Dronke und Jmandt waren natürlich überzeugt, daß Fleury der „Kölnischen Zeitung" die Ordre zuschicken würde, keine Erklärung mit seiner Namensunterschrift aufzunehmen. Sie schicken seine Erklärung daher nicht an die „Kölnische Zeitung", sondern an Advokat Schneider II, der sie aber in einem zu vorgerückten Stadium des Prozesses erhielt, um noch Gebrauch davon machen zu können.

Fleury ist zwar nicht die Fleur de Marie der Prostituirten der Polizei, aber Blume ist er und Blüthen wird er tragen, wenn auch nur Fleurs-de-lys.*)

Die Geschichte des Protokollbuches hatte nicht ausgespielt.

Sonnabend den 6. November bekannte W. Hirsch, von Hamburg, an Eidesstatt vor dem Magistrat zu Bow-Street, London, daß er selbst unter Leitung von Greif und Fleury das in dem Kölner Kommunistenprozeß figurirende Original-Protokollbuch fabrizirt habe.

Also erst Original-Protokollbuch der „Partei Marx" — dann Notizbuch des Spions Fleury — endlich Fabrikat der preußischen Polizei, einfaches Polizeifabrikat, Polizeifabrikat sans phrase.

An demselben Tage, wo Hirsch das Geheimniß des Original-Protokollbuches dem englischen Magistrat zu Bow-Street verrieth, war ein anderer Repräsentant des preußischen Staates zu Kensington im Hause des Fleury damit beschäftigt, diesmal zwar weder gestohlene, noch fabrizirte, noch überhaupt Dokumente, wohl aber seine eigenen Habseligkeiten in starke Wachsleinwand zu verpacken. Es war dies niemand anders als Vogel Greif, Pariser Angedenkens, der außerordentliche Kourier nach Köln, der Chef der preußischen Polizei-Agenten zu London, der offizielle Dirigent der Mystifikation, der an die preußische Gesandtschaft attachirte Polizei-Lieutenant. Greif hatte von der preußischen Regierung den Befehl erhalten, London sofort zu verlassen. Zeit war nicht zu verlieren.

Wie am Schlusse von Spektakel-Opern die im Hintergrunde befindliche, bisher von Koulissen versteckte, amphitheatralisch aufsteigende Szenerie plötzlich in bengalischem Feuer glänzt, und in blendenden Umrissen

---

*) Fleurs-de-lys heißen in der französischen Volkssprache die den gebrandmarkten Verbrechern eingebrannten Buchstaben: T. F. (travaux forcés, Zwangsarbeit). Wie richtig Marx seinen Kunden beurtheilte, geht aus dem Nachtrag (unten, VIII, 1) hervor.

alle Augen schlägt, so am Schluß dieser preußischen Polizei-Tragikomödie die verborgene amphitheatralische Werkstätte, worin das Original-Protokollbuch geschmiedet wurde. Auf der untersten Stufe sah man den unglücklichen, auf Stücklohn arbeitenden Mouchard Hirsch; auf zweiter Stufe den bürgerlich plazirten Spion und agent provocateur, City-Kaufmann Fleury; auf dritter Stufe den diplomatischen Polizei-Lieutenant Greif, und auf der höchsten Stufe die preußische Gesandtschaft selbst, der er attachirt ist. Seit 6—8 Monaten fabrizirte Hirsch regelmäßig, Woche für Woche, sein Original-Protokollbuch im Arbeitszimmer und unter den Augen des Fleury. Aber einen Stock über Fleury hauste der preußische Polizei-Lieutenant Greif, der ihn überwachte und inspirirte. Aber Greif selbst brachte einen Theil des Tages regelmäßig im Hotel der preußischen Gesandtschaft zu, wo er seinerseits überwacht und inspirirt wurde. Das preußische Gesandtschafts-Hotel war also das eigentliche Treibhaus, wo das Original-Protokollbuch groß wuchs. Greif mußte also verschwinden. Er verschwand am 6. November 1852.

Das Original Protokollbuch war nicht länger zu halten, selbst nicht als Notizbuch. Prokurator Saedt bestattete es in seiner Replik auf die Vertheidigungsreden der Advokaten.

Man war also wieder da angelangt, von wo der Anklagesenat des Appelhofes ausging, als er eine neue Untersuchung verordnete, weil „kein objektiver Thatbestand vorliege".

V. Das Begleitschreiben des rothen Katechismus.

In der Sitzung vom 27. Oktober bezeugt der Polizei-Inspektor Junkermann aus Crefeld: „er habe ein Paquet mit Exemplaren des rothen Katechismus in Beschlag genommen, welches an den Kellner eines Crefelder Gasthofes adressirt und mit dem Poststempel Düsseldorf versehen war. Dabei lag ein Begleitschreiben ohne Unterschrift. Der Absender ist nicht ermittelt worden." „Das Begleitschreiben scheint, wie das öffentliche Ministerium bemerkt, von der Hand des Marx geschrieben."

In der Sitzung vom 28. Oktober ersieht der Sachverständige (???) Renard in dem Begleitschreiben die Handschrift des Marx. Dies Begleitschreiben lautet:

„Bürger! Da Sie unser volles Vertrauen besitzen, so überreichen wir Ihnen hiermit 50 Exemplare des Rothen, die Sie Samstag den 5. Juni, Abends 11 Uhr, unter die Hausthüren anerkannt revolutionärer Bürger, am liebsten Arbeiter, zu schieben haben. Wir rechnen mit Bestimmtheit auf Ihre Bürgertugend und erwarten daher Ausführung dieser Vorschrift. Die Revolution ist näher, als mancher glaubt. Es lebe die Revolution!

Berlin, Mai 1852. —

Gruß und Bruderschaft. Das Revolutions-Komite."

Zeuge Junkermann erklärt noch: „daß die fraglichen Paquete an den Zeugen Chianella geschickt worden."

Polizei-Präsident Hinkeldey von Berlin leitet während der Untersuchungshaft der Kölner Angeklagten die Manöver als Obergeneral. Die Lorbeeren des Maupas lassen ihn nicht schlafen.

Während der Verhandlungen figuriren 2 Polizei-Direktoren, ein lebendiger und ein todter, 1 Polizei-Rath — aber der Eine war ein Stieber — 2 Polizei-Lieutenants, wovon der Eine beständig von London nach Köln, der Andere beständig von Köln nach London reist, Myriaden von Polizei-Agenten und Unteragenten, genannte, anonyme, heteronyme, pseudonyme, geschwänzte und ungeschwänzte. Endlich noch ein Polizei-Inspektor.

Sobald die „Kölnische Zeitung" mit den Zeugenverhören vom 27. und 28. Oktober in London eintraf, begab sich Marx zum Magistrat in Marlborough-Street, schrieb den in der „Kölnischen Zeitung" gegebenen Text des Begleitschreibens ab, ließ diese Abschrift beglaubigen und zugleich folgende an Eidesstatt abgegebene Erklärung:

1) Daß er das fragliche Begleitschreiben nicht geschrieben;
2) daß er die Existenz desselben erst aus der „Kölnischen Zeitung" kennen gelernt;
3) daß er den sogenannten rothen Katechismus nie gesehen;
4) daß er nie in irgend einer Weise zur Verbreitung desselben beigetragen.

Im Vorbeigehen sei bemerkt, daß eine solche vor dem Magistrat gegebene Erklärung (declaration), wenn sie falsch ist, in England alle Folgen des Meineids nach sich zieht.

Das obige Dokument wurde an Schneider II geschickt, erschien aber zugleich gedruckt im Londoner „Morning Advertiser", da man sich im Laufe des Prozesses überzeugt hatte, daß die preußische Post mit Beobachtung des Postgeheimnisses die sonderbare Vorstellung verbindet, sie sei verpflichtet, die ihr anvertrauten Briefe vor dem Adressaten geheim zu halten. Die Oberprokuratur widersetzte sich der Vorlegung des Dokuments, sei es auch nur zur Vergleichung. Die Oberprokuratur wußte, daß ein einziger Blick von dem Original-Begleitschreiben auf die amtlich beglaubigte Abschrift von Marx den Betrug, die absichtliche Nachahmung seiner Schriftzüge, selbst dem Scharfblicke dieser Geschworenen nicht verborgen lassen könnte. Im Interesse der Moralität des preußischen Staates protestirte sie daher gegen jede Vergleichung.

Schneider II bemerkte, „daß der Adressat Chianella, der der Polizei bereitwillige Auskunft über die muthmaßlichen Absender gegeben, und sich ihr direkt als Spion angeboten, nicht im Entferntesten an Marx gedacht habe".

Wer je eine Zeile von Marx gelesen hatte, konnte ihm unmöglich die Urheberschaft des melodramatischen Begleitschreibens aufbürden. Die Sommer-Mitternachts-Traumstunde des 5. Juni, die zudringlich anschauliche Operation des Unterschiebens von „Rothem" unter die Hausthüren der Revolutionsphilister, — das konnte etwa auf das Gemüth Kinkel hindeuten, wie die „Bürgertugend" und die „Bestimmtheit", womit auf militärische „Ausführung" der gegebenen „Vorschrift gerechnet wird", auf die Einbildungskraft Willich. Aber wie sollten Kinkel-Willich dazu kommen, ihre Revolutions-Rezepte in Marx'sche Handschrift zu setzen?

Wenn eine Hypothese über die „noch nicht ganz aufgeklärte Entstehungsart" dieses in nachgeahmter Handschrift befindlichen Begleitschreibens erlaubt ist: Die Polizei fand in Crefeld die 50 Rothen mit dem hochtönend angenehmen Begleitschreiben. Sie ließ — zu Köln ober Berlin, qu'importe? — den Text in Margische Noten setzen. Zu welchem Behuf? „Um ihrer Waare einen desto höheren Werth zu geben."

Selbst die Oberprokuratur wagte indessen nicht, in ihrer catilinarischen Rede auf dies Begleitschreiben zu rekurriren. Sie ließ es fallen. Es trug also nicht bei zur Konstatirung des mangelnden „**objektiven Thatbestandes**".

VI. Die Fraktion Willich-Schapper.

Seit der Niederlage der Revolution von 1848—1849 verlor die proletarische Partei auf dem Kontinent, was sie während jener kurzen Epoche ausnahmsweise besaß: Presse, Redefreiheit und Assoziationsrecht, d. h. die legalen Mittel der Partei-Organisation. Die bürgerlich-liberale wie die kleinbürgerlich-demokratische Partei fanden in der sozialen Stellung der Klassen, die sie vertreten, trotz der Reaktion die Bedingungen, unter einer oder der anderen Form zusammenzuhalten, und ihre Gemein-Interessen mehr oder minder geltend zu machen. Der proletarischen Partei stand nach 1849 wie vor 1848 nur **ein Weg** offen — **der Weg der geheimen Verbindung**. Seit 1849 entstanden daher auf dem Kontinent eine ganze Reihe geheimer proletarischer Verbindungen, von der Polizei entdeckt, von den Gerichten verdammt, von den Gefängnissen durchbrochen, von den Verhältnissen stets wieder neu hergestellt.

Ein Theil dieser geheimen Gesellschaften bezweckte direkt den Umsturz der bestehenden Staatsmacht. Es war dies berechtigt in Frankreich, wo das Proletariat von der Bourgeoisie besiegt war und der Angriff auf die bestehende Regierung mit dem Angriff auf die Bourgeoisie unmittelbar zusammenfiel. Ein anderer Theil der geheimen Gesellschaften bezweckte die Parteibildung des Proletariats, ohne sich um die bestehenden Regierungen zu kümmern. Es war dies nothwendig in Ländern wie Deutschland, wo Bourgeoisie und Proletariat gemeinsam ihren halb feudalen Regierungen unterlagen, wo also ein siegreicher Angriff auf die bestehenden Regierungen der Bourgeoisie oder doch den sogenannten Mittelständen, statt ihre Macht zu brechen, zunächst zur Herrschaft verhelfen mußte. Kein Zweifel, daß auch hier die Mitglieder der proletarischen Partei an einer Revolution gegen den status quo sich von Neuem betheiligen würden, aber es gehörte nicht zu ihrer Aufgabe, diese Revolution vorzubereiten, für sie zu agitiren, zu konspiriren, zu komplottiren. Sie konnten den allgemeinen Verhältnissen und den direkt betheiligten Klassen diese Vorbereitung überlassen. Sie mußten sie ihnen überlassen, wollten sie nicht auf ihre eigene Parteistellung und auf die historischen Aufgaben verzichten, die aus den allgemeinen Existenzbedingungen des Proletariats von selbst hervorgehen. Für sie waren die jetzigen Regierungen nur ephemere Erscheinungen und der status quo nur ein kurzer Haltepunkt, woran sich abzuarbeiten einer kleinlich engherzigen Demokratie überlassen wird.

Der „**Bund der Kommunisten**" war daher keine konspiratorische Gesellschaft, sondern eine Gesellschaft, die die Organisation der proletarischen Partei im Geheimen bewerkstelligte, weil das deutsche

Proletari t igno et aqua, von Schrift, Rede und Assoziation öffentlich interdizirt ist. Wenn eine solche Gesellschaft konspirirt, so geschieht es nur in dem Sinn, wie Dampf und Elektrizität gegen den status quo konspiriren.

Es versteht sich, daß eine solche geheime Gesellschaft, welche die Bildung nicht der **Regierungs-**, sondern der **Oppositionspartei der Zukunft** bezweckt, wenig Reiz bieten konnte für Individuen, die einerseits ihre persönliche Unbedeutendheit unter dem Theatermantel von Konspirationen aufspreizen, andererseits ihren bornirten Ehrgeiz am Tage der nächsten Revolution befriedigen, vor Allem aber augenblicklich wichtig scheinen, an der Beute der Demagogie Theil nehmen und von den demokratischen Marktschreiern bewillkommt sein wollen.

Von dem Bunde der Kommunisten sonderte sich daher eine Fraktion ab, oder wurde eine Fraktion abgesondert, wie man will, die, wenn auch nicht wirkliche Konspirationen, doch den **Schein** der Konspiration und daher direkt Allianz mit den demokratischen Tageshelden verlangte — die Fraktion Willich-Schapper. Charakteristisch für sie, daß Willich mit und neben **Kinkel** als entrepreneur des deutsch-amerikanischen Revolutions-Anleihe-Geschäftes figurirt.

Das Verhältniß dieser Partei zur Majorität des Bundes der Kommunisten, der die Kölner angehörten, ist soeben angedeutet worden. Bürgers und Röser haben es prägnant und erschöpfend in den Kölner Assisenverhandlungen entwickelt.

Wir bleiben vor dem Schluß unserer Darstellung stehen, um einen Rückblick auf das Verhalten der Fraktion Willich-Schapper während des Kölner Prozesses zu werfen.

Wie schon oben bemerkt wurde, beweisen die Data der von Stieber der Fraktion entwandten Dokumente, daß ihre Dokumente auch **nach** dem Reuter'schen Diebstahl immer noch den Weg zur Polizei zu finden wußten. Bis zu dieser Stunde schuldet die Fraktion die Erklärung dieses Phänomens.

Schapper kannte am besten die Vergangenheit Cherval's. Er wußte, daß Cherval von ihm 1846 und nicht von Marx 1848 in den Bund aufgenommen war u. s. w. Er bestätigt Stieber's Lügen durch sein Schweigen.

Die Fraktion wußte, daß der ihr angehörige Hase den Drohbrief an den Zeugen Haupt schrieb, sie läßt den Verdacht auf der Partei der Angeklagten lasten.

Moses Heß, der Fraktion angehörig, der Verfasser des „**rothen Katechismus**", dieser unglücklichen Parodie des Manifestes der kommunistischen Partei, Moses Heß, der seine Schriften nicht nur selbst schreibt, sondern auch selbst vertreibt, er wußte genau, an wen er Partien von seinem „Rothen" abgelassen hatte. Er wußte, daß Marx ihm den Reichthum an „Rothem" auch nicht um das Maß eines einzigen Exemplars geschmälert hatte. Moses läßt ruhig auf den Angeklagten den Verdacht, als hätte ihre Partei sein „Rothes" mit melodramatischen Begleitschreiben in der Rheinprovinz hausirt.

Wie durch ihr Schweigen, macht die Fraktion gemeinsame Sache mit der preußischen Polizei durch ihr Sprechen. Wo sie während der Ver-

Handlungen austritt, erscheint sie nicht auf der Bank der Angeklagten, sondern als „Königszeuge".

Hentze, Willich's Freund und Wohlthäter, der Mitwissenschaft am Bunde geständig, bringt einige Wochen bei Willich in London zu und reist dann nach Köln, um gegen Becker, gegen den viel weniger Indizien als gegen ihn selbst vorliegen, die falsche Aussage zu machen, Becker sei 1848 Bundesmitglied gewesen.

Hätzel, wie das Archiv Dietz ausweist, der Fraktion angehörig, mit Geld von ihr unterstützt, schon einmal wegen Theilnahme am Bund zu Berlin vor die Assisen gestellt, erscheint als Zeuge gegen die Angeklagten. Er zeugt falsch, indem er die exzeptionelle Bewaffnung des Berliner Proletariates während der Revolutionszeit in einen erdichteten Zusammenhang mit den Bundes-Statuten bringt.

Steingens, durch seine eigene Briefe überführt (s. Sitzung vom 18. Oktober), Hauptagent der Fraktion in Brüssel gewesen zu sein, erscheint in Köln nicht als Angeklagter, sondern als Zeuge.

Nicht lange vor den Kölner Assisenverhandlungen schickten Willich und Kinkel einen Schneidergesellen als Emissär nach Deutschland. Kinkel gehört zwar nicht zur Fraktion, aber Willich war Mitregent der deutsch-amerikanischen Revolutionsanleihe.

Kinkel, schon damals von der später eingetroffenen Gefahr bedroht, sich und Willich von der Verwaltung der Anleihegelder durch die Londoner Garanten entsetzt und die Gelder selbst trotz seiner und Willich's entrüsteter Protestation nach Amerika zurückwandern zu sehen, Kinkel bedurfte gerade damals der Scheinmissionen nach und der Scheinkorrespondenzen mit Deutschland, theils um zu zeigen, daß dort überhaupt noch ein Gebiet revolutionärer Thätigkeit für ihn und die amerikanischen Dollars existire, theils um einen Vorwand für die enormen Korrespondenz-, Porto-Kosten u. s. w. zu finden, die er und Freund Willich in Rechnung zu bringen verstanden (s. das lithographirte Zirkular des Grafen O. Reichenbach). Kinkel wußte sich ohne alle Verbindung, sei es mit den bürgerlichen Liberalen, sei es mit den kleinbürgerlichen Demokraten in Deutschland. Er nahm daher ein X für ein U, den Emissär der Fraktion für den Emissär des deutsch-amerikanischen Revolutionsbundes. Dieser Emissär hatte keine andere Aufgabe, als gegen die Partei der Kölner Angeklagten unter den Arbeitern thätig zu sein. Man muß gestehen, der Augenblick war günstig gewählt, um noch vor Thoresschluß neuen Vorwand zu neuer Untersuchung zu geben. Die preußische Polizei war vollständig über die Person, den Tag der Abreise und die Reiseroute des Emissärs unterrichtet. Woher? werden wir sehen. In den geheimen Versammlungen, die er zu Magdeburg hält, waren ihre Spione zugegen, und berichteten über die Debatten. Die Freunde der Kölner in Deutschland und London zitterten.

Wir haben oben erzählt, daß Hirsch am 6. November vor dem Magistrat zu Bow-Street gestand, das Original-Protokollbuch unter Leitung von Greif und Fleury fabrizirt zu haben; Willich vermochte ihn zu diesem Schritt, Willich und der Gastwirth Schertner begleiteten ihn zum Magistrat. Hirsch's Bekenntniß wurde in drei verschiedenen Exemplaren ausgefertigt und diese unter verschiedenen Adressen durch die Post nach Köln versandt.

Es war von der höchsten Wichtigkeit, den Hirsch, wie er die Schwelle des Gerichtshofes verließ, sofort zu verhaften. Auf Grund der bei ihm befindlichen, amtlich beglaubigten Aussage konnte der in Köln verlorene Prozeß in London wieder gewonnen werden. Wenn nicht für die Angeklagten, so doch gegen die Regierung. Willich that dagegen Alles, um einen solchen Schritt unmöglich zu machen. Er beobachtet nicht nur gegen die direkt betheiligte „Partei Marx, sondern gegen seine eigenen Leute, sogar gegen Schapper, das tiefste Stillschweigen. Nur Schertner war in sein Geheimniß eingeweiht. Schertner erklärt, er und Willich hätten den Hirsch an's Schiff begleitet. Hirsch habe nämlich, Willich's Intention gemäß, in Köln gegen sich selbst Zeugniß ablegen sollen.

Willich unterrichtet den Hirsch von dem Wege, den die Dokumente nehmen werden, Hirsch die preußische Gesandtschaft, die preußische Gesandtschaft die Post. Die Dokumente kommen nicht an ihrem Bestimmungsort an; sie verschwinden. Später taucht der verschwundene Hirsch wieder zu London auf und erklärt in einer öffentlichen Demokratenversammlung, Willich sei sein Komplize.

Willich gesteht, auf eine diesbezügliche Interpellation, mit Hirsch, der schon im Jahre 1851 auf seinen Antrag als Spion aus dem Great-Windmill-Verein ausgestoßen wurde, seit Anfang August 1852 wieder in Verbindung gestanden zu haben. Hirsch habe ihm nämlich den Fleury als preußischen Spion verrathen und ihm dann alle an Fleury eingehenden und von ihm ausgehenden Briefe zur Kenntnißnahme mitgetheilt. Er, Willich, habe sich dieses Mittels bedient, um die preußische Polizei zu überwachen.

Willich war notorisch seit ungefähr einem Jahre der intime Freund Fleury's, von dem er Unterstützungen empfing. Wenn aber Willich seit August 1852 wußte, daß er preußischer Spion und zugleich von dessen Treiben unterrichtet war, wie kommt es, daß er das Originalprotokollbuch nicht kannte?

Daß er erst intervenirt, nachdem die preußische Regierung selbst den Fleury als Spion v e r r a t h e n hat?

Daß er in einer Weise intervenirt, die im besten Falle seinen Verbündeten Hirsch aus England und die amtlich beglaubigten Beweismittel für die Schuld Fleury's aus den Händen der „Partei Marx" schafft?

Daß er fortfuhr, Unterstützungen von Fleury zu beziehen, der mit einem von ihm erhaltenen reçu von 15 Pfund Sterling renommirt?

Daß Fleury in der deutsch-amerikanischen Revolutions-Anleihe fortoperirt?

Daß er dem Fleury Lokal und Zusammenkunftsort seiner eigenen geheimen Gesellschaft angibt, so daß preußische Agenten im Nebenzimmer die Debatten zu Protokoll nehmen?

Daß er den Fleury von der Reiseroute des obengenannten Emissärs, des Schneidergesellen, unterrichtet und sogar Geld für diese Missionsreise von ihm empfängt?

Daß er endlich dem Fleury erzählt, er habe den bei ihm wohnenden Hentze instruirt, wie er vor den Kölner Assisen g e g e n Becker auszusagen habe?*) Man muß gestehen, — que tout cela n'est pas bien clair.

VII. Das Urtheil.

In dem Maße, wie die Polizei-Mysterien sich aufklärten, erklärte sich die öffentliche Meinung für die Angeklagten. Als der Betrug des Originalprotokollbuchs enthüllt war, erwartete man allgemein die Freisprechung. Die „Kölnische Zeitung" sah sich veranlaßt, eine Kniebeugung vor der öffentlichen Meinung und eine Wendung gegen die Regierung zu machen. Kleine, den Angeklagten günstige und den Stieber verdächtigende Notizen verirrten sich auf einmal in Spalten, die früher nur den Polizei-Insinuationen offen gestanden hatten. Die preußische Regierung selbst gab die Partie verloren. Ihre Korrespondenten in „Times" und „Morning-Chronicle" begannen plötzlich die öffentliche Meinung des Auslandes auf einen ungünstigen Ausgang vorzubereiten. Wie verderblich und ungeheuerlich die Lehren der Angeklagten, wie abscheulich die bei ihnen vorgefundenen Dokumente auch sein möchten, thatsächliche Beweise eines Komplotts lägen nicht vor, eine Verurtheilung sei daher kaum wahrscheinlich. So kopfhängerisch resignirt schrieb der Berliner Korrespondent der „Times", das servile Echo der Befürchtungen, die in den höchsten Kreisen der Spreestadt zirkulirten. Um so ausgelassener war der Jubel des Byzantinischen Hofes und seiner Eunuchen, als der elektrische Telegraph das „Schuldig" der Geschwornen von Köln nach Berlin blitzte.

Mit der Enthüllung des Protokollbuchs war der Prozeß in ein neues Stadium getreten. Es stand den Geschwornen nicht mehr frei, die Angeklagten schuldig oder nichtschuldig, sie mußten jetzt die Angeklagten schuldig finden — oder die Regierung. Die Angeklagten freisprechen hieß die Regierung verurtheilen.

In seiner Replik auf die Vertheidigungsreden der Advokaten ließ Prokurator Saedt das Originalprotokollbuch fallen. Er wolle nicht von einem Dokument Gebrauch machen, an dem solch' ein Makel hafte, er selbst halte es für „unecht", es sei ein „unseliges" Buch, es habe viel unnützen Zeitverlust verursacht, zur Sache selbst trage es nichts bei, Stieber habe sich aus lobenswerthem Diensteifer mystifiziren lassen ꝛc.

---

*) Ueber das Verhältniß von Willich und Becker:
„Der Willich schreibt mir die lustigsten Briefe; ich antworte nicht, er läßt sich aber nicht abhalten, mir seine neuen Revolutionspläne auseinanderzusetzen. Er hat mich bestimmt, die Kölner Besatzung zu revolutioniren!!! Wir haben neulich uns den Bauch gehalten vor Lachen. Er wird mit seinen Dummheiten noch ungezählte Menschen in's Pech bringen; denn ein einziger Brief könnte hundert Demagogenrichtern drei Jahre lang das Gehalt sichern. Wenn ich die Kölner Revolution fertig hätte, so wäre er nicht abgeneigt, die Leitung der weiteren Operationen zu übernehmen. Gar zu freundlich!" —
(Aus einem Briefe von Becker an Marx, d. d. 27. Januar 1851.)

Aber die Prokuratur selbst hatte in ihrer Anklage behauptet, das Buch enthalte „viel Wahres". Weit entfernt, es für unecht zu erklären, hatte sie nur bedauert, seine Echtheit nicht beweisen zu können. Mit der Echtheit des von Stieber beschworenen Original-Protokollbuchs fiel die Echtheit der von Stieber beschworenen Aussage des Cherval zu Paris, auf die Saedt in seiner Replik noch einmal zurückkommt, fiel alles Thatsächliche, was die angestrengteste Thätigkeit aller Behörden des preußischen Staats während 1½ Jahren aufgestiebert hatte. Die auf den 28. Juli angekündigte Assisenverhandlung war für drei Monate sistirt worden. Warum? Wegen Krankheit des Polizei-Direktors Schulz. Und wer war Schulz? Der ursprüngliche Entdecker des Original-Protokollbuchs. Gehen wir weiter zurück. Januar und Februar 1852 waren Haussuchungen bei der Frau Doktor Daniels gehalten worden. Auf welchen Grund? Auf Grund der ersten Seiten des Original-Protokollbuchs, die Fleury dem Schulz übersandt hatte, die Schulz an das Polizeidirektorium in Köln, die das Polizeidirektorium zu Köln an den Untersuchungsrichter gelangen ließ, die den Untersuchungsrichter in die Wohnung der Frau Doktor Daniels führten.

Trotz des Komplottes Cherval hatte der Anklagesenat im Oktober 1851 noch immer nicht den mangelnden Thatbestand gefunden und daher auf Befehl des Ministeriums eine neue Untersuchung angeordnet. Wer führte diese Untersuchung? Polizei-Direktor Schulz. Schulz also sollte den Thatbestand finden. Was fand Schulz? Das Original-Protokollbuch. Alles neue Material, das er herbeischaffte, beschränkte sich auf die losen Blätter des Protokollbuchs, die Stieber nachher vervollständigen und zusammenbinden ließ. Zwölfmonatliches Zellengefängniß für die Angeklagten, um dem Original-Protokollbuch die nöthige Zeit zur Geburt und zum Wachsthum zu geben. Bagatellen! ruft Saedt, und findet schon darin den Beweis der Schuld, daß Vertheidiger und Angeklagte acht Tage brauchen, um einen Augiasstall zu leeren, den voll zu machen alle Behörden des preußischen Staats sich 1½ Jahre lang bemühen und die Angeklagten 1½ Jahre sitzen. Das Original-Protokollbuch war kein einzelner Incidenzpunkt, es war der Knotenpunkt, worin alle Fäden der Regierungsthätigkeit zusammenliefen, Gesandtschaft und Polizei, Ministerium und Magistratur, Prokuratur und Postdirektion, London, Berlin und Köln. Das Original-Protokollbuch machte so viel zur Sache, daß es erfunden wurde, um überhaupt eine Sache zu machen. Kouriere, Depeschen, Postunterschlagungen, Verhaftungen, Meineide, um das Original-Protokollbuch aufrecht zu erhalten, Falsa, um es zu schaffen, Bestechungsversuche, um es zu rechtfertigen. Das enthüllte Mysterium des Original-Protokollbuchs war das enthüllte Mysterium des Monstreprozesses.

Ursprünglich war die wunderwirkende Intervention der Polizei nöthig gewesen, um den reinen Tendenzcharakter des Prozesses zu verstecken. Die bevorstehenden Enthüllungen, so eröffnete Saedt die Verhandlungen — werden Ihnen, meine Herren Geschworenen, beweisen, daß der Prozeß kein Tendenzprozeß ist. Jetzt hebt er den Tendenzcharakter hervor, um die Polizeienthüllungen vergessen zu machen. Nach der 1½jährigen Voruntersuchung bedurften die Geschworenen eines objektiven Thatbestandes, um sich vor der öffentlichen Meinung zu rechtfertigen. Nach der fünfwöchentlichen Polizeikomödie bedurften sie der „reinen Tendenz", um sich aus dem thatsächlichen Schmutz zu retten. Saedt beschränkt sich daher nicht nur auf das Material, das den Anklagesenat zu dem Urtheil veranlaßte: „es sei kein objektiver Thatbestand vorhanden". Er geht weiter. Er sucht nachzuweisen, daß das Gesetz gegen Komplott überhaupt keinen Thatbestand verlangt, sondern ein reines Tendenzgesetz ist, also die Kategorie des Komplotts nur ein Vorwand ist, um politische Ketzer in Form Rechtens zu verbrennen. Sein Versuch versprach größern Erfolg durch Anwendung des nach der Verhaftung der Angeklagten promulgirten neuen preußischen Strafgesetzbuchs. Unter dem Vorwand, dies Gesetzbuch enthalte mildernde Bestimmungen, konnte der servile Gerichtshof dessen retroaktive Anwendung zulassen.

War aber der Prozeß ein reiner Tendenzprozeß, wozu die 1½jährige Voruntersuchung? Aus Tendenz.

Da es sich also einmal um Tendenz handelt, sollen wir nun die Tendenz prinzipiell mit einem Saedt-Stieber-Seckendorf, mit einem Göbel, mit einer preußischen Regierung, mit den 300 Meistbesteuerten des Regierungsbezirks von Köln, mit dem königlichen Kammerherrn von Münch-Bellinghausen und mit dem Freiherrn von Fürstenberg diskutiren? Pas si bête.

Saedt gesteht (Sitzung vom 8. November), „daß als ihm vor wenigen Monaten der Auftrag zu Theil wurde, und zwar durch den Herrn Oberprokurator, das öffentliche Ministerium mit ihm in dieser Sache zu vertreten, und als er in Folge dessen die Akten durchzulesen begann, er zuerst auf die Idee kam, sich mit dem Kommunismus und Sozialismus etwas näher zu beschäftigen. Er fühlte sich deshalb um so mehr gedrungen, den Geschworenen das Resultat seiner Nachforschungen mitzutheilen, als er von der Unterstellung ausgehen zu dürfen glaubte, daß vielleicht manche unter ihnen, gleich ihm, sich damit noch wenig beschäftigt hätten."

Saedt lauft sich also das bekannte Kompendium von Stein.

„Und was er heute gelernt, das will er morgen schon lehren."

Aber das öffentliche Ministerium hatte ein eigenthümliches Unglück. Es suchte den objektiven Thatbestand Marx und es fand den objektiven Thatbestand Cherval. Es sucht den Kommunismus, den die Angeklagten propagiren, und es findet den Kommunismus, den sie bekämpft haben. Im Kompendium Stein finden sich allerdings allerlei Sorten Kommunismus, nur nicht die Sorte, die Saedt sucht. Stein hat den deutschen, den kritischen Kommunismus noch nicht registrirt. Allerdings befindet sich in Saedt's Händen das „Manifest der kommunistischen Partei", das die Angeklagten als das Manifest ihrer Partei anerkennen. In diesem Manifest befindet sich wieder ein Kapitel, das die Kritik der ganzen bisherigen sozialistischen und kommunistischen Literatur, also der ganzen von Stein registrirten Weisheit enthält. Aus diesem Kapitel muß sich der Unterschied der angeklagten kommunistischen Richtung von allen früheren Richtungen des Kommunismus ergeben, also der spezifische Inhalt und die spezifische Tendenz der Lehre, gegen die Saedt requirirt. Kein Stein half bei diesem Stein des Anstoßes. Hier mußte man verstehen, sei es auch nur um zu verklagen. Wie hilft sich nun der von Stein im Stiche gelassene Saedt? Er behauptet: „Das Manifest besteht aus 8 Abschnitten. Der erste Abschnitt enthalte eine historische Entwicklung der gesellschaftlichen Stellung der verschiedenen Bürger (!) vom Standpunkt des Kommunismus. (very fine).... Der zweite Abschnitt entwickle die Stellung der Kommunisten gegenüber den Proletariern... Endlich im letzten Abschnitt werde über die Stellung der Kommunisten in den verschiedenen Ländern gehandelt."...! (Sitzung vom 6. Novbr.)

Das Manifest besteht nun allerdings aus 4 Abschnitten und nicht aus 3, aber was ich nicht weiß, macht mich nicht heiß. Saedt behauptet daher, er bestehe aus 3 Abschnitten und nicht aus 4. Der Abschnitt, der nicht für ihn besteht, ist derselbige unselige Abschnitt, der die Kritik des von Stein protokollirten Kommunismus, also die **spezifische Tendenz** des angeklagten Kommunismus enthält. Armer Saedt! Erst fehlt ihm der **Thatbestand**, jetzt fehlt ihm die **Tendenz**.

Aber grau, theurer Freund, ist alle Theorie. Die „sogenannte soziale Frage," bemerkt Saedt, „und ihre Lösung hat in neuerer Zeit Berufene und Unberufene beschäftigt." Saedt gehört jedenfalls zu den Berufenen, denn der Oberprokurator Seckendorf hat ihn amtlich vor 8 Monaten zum Studium des Sozialismus und Kommunismus „berufen". Die Saedt's aller Zeiten und aller Orten haben von jeher darin übereingestimmt, den Galilei für „unberufen" zur Erforschung der Himmelsbewegung, den Inquisitor aber, der ihn verletzerte, für „berufen" zu erklären. E pur si muove.*)

In den Angeklagten stand den in der Jury vertretnen herrschenden Klassen das revolutionäre Proletariat waffenlos gegenüber; die Angeklagten waren also verurtheilt, weil sie vor dieser Jury standen. Was das bürgerliche Gewissen der Geschworenen einen Augenblick erschüttern konnte, wie es die öffentliche Meinung erschüttert hatte, war die bloßgelegte Regierungs-Intrigue, die Korruption der preußischen Regierung, die sich vor ihren Augen enthüllt hatte. Aber, sagten sich die Geschworenen, aber wenn die preußische Regierung so infame und zugleich so waghalsige Mittel gegen die Angeklagten riskirt, wenn sie so zu sagen ihren europäischen Ruf auf's Spiel gesetzt hat, nun dann müssen die Angeklagten, kleine Partei so viel man will, verdammt gefährlich und jedenfalls muß ihre Lehre eine Macht sein. Die Regierung hat alle Gesetze des Kriminalkodex verletzt, um uns vor dem kriminellen Ungeheuer zu schützen. Verletzen wir unsererseits unser bischen point d'honneur, um die Ehre der Regierung zu retten. Seien wir dankbar, verurtheilen wir.

Rheinischer Adel und rheinische Bourgeoisie stimmten mit ihrem **Schuldig** in den Schrei ein, den die französische Bourgeoisie nach dem 2. Dezember ausstieß: „nur noch der Diebstahl kann das Eigenthum retten, nur noch der Meineid die Religion, nur noch das Bastardthum die Familie, nur noch die Unordnung die Ordnung!"

Das ganze Staatsgebäude hat sich in Frankreich prostituirt. Und doch hat sich keine Institution so tief prostituirt, wie französische Ge-

---

*) Saedt war nicht nur „berufen". Er wurde auch noch weiter „berufen", in Belohnung seiner Verdienste in diesem Prozeß, nämlich zum Generalprokurator der Rheinprovinz, und ist als solcher pensionirt worden und dann, versehen mit den heiligen Sterbesakramenten, selig verstorben.

richtshöfe und Geschworenen. Uebertreffen wir die französischen Geschworenen und Richter, riefen Jury und Gerichtshof zu Köln. In dem Prozeß Cherval, unmittelbar nach dem Staatsstreich, hatte die Pariser Jury den Nette freigesprochen, gegen den mehr vorlag als gegen einen der Angeklagten. Uebertreffen wir die Jury des Staatsstreichs vom 2. Dezember. Verurtheilen wir in Röser, Bürgers ꝛc. nachträglich den Nette.

So ward der Aberglaube an die Jury, der in Rheinpreußen noch wucherte, für immer gebrochen. Man begriff, daß die Jury ein Standgericht der privilegirten Klassen ist, eingerichtet, um die Lücken des Gesetzes durch die Breite des bürgerlichen Gewissens zu überbrücken.

Jena! ... das ist das letzte Wort für eine Regierung, die solcher Mittel zum Bestehen und für eine Gesellschaft, die solch einer Regierung zum Schutz bedarf. Das ist das letzte Wort des Kölner Kommunistenprozesses ... Jena!

VIII. Nachtrag aus der Leipziger Auflage von 1875.

1) Beilage 4 zu „Herr Vogt" von Karl Marx, London 1860.

Die in diesem Abschnitt (des „Herr Vogt") von mir gemachten Mittheilungen über die preußische Gesandtschaft zu London und ihren Briefwechsel mit den preußischen Behörden auf dem Kontinent während der Kölner Prozeßverhandlungen beruhen auf den von A. Willich in der „Newyorker Kriminalzeitung" April 1853 unter dem Titel: „Die Opfer der Moucharderie, Rechtfertigungsschrift von Wilhelm Hirsch" veröffentlichten Selbstbekenntnissen des jetzt zu Hamburg gefangen sitzenden Hirsch, der das Hauptinstrument des Polizeilieutenant Greif und seines Agenten Fleury war, auch in ihrem Auftrage und unter ihrer Leitung das während des Kommunistenprozesses von Stieber vorgelegte falsche Protokollbuch schmiedete. Ich gebe hier einige Auszüge aus Hirsch's Memoiren.

„Die deutschen Vereine wurden gemeinschaftlich (während der Industrieausstellung) von einem Polizeitriumvirat, dem Polizeirath Stieber für Preußen, einem Herrn Kubesch für Oesterreich und dem Polizeidirektor Huntel aus Bremen überwacht."

Hirsch beschreibt folgendermaßen die erste Szene, die er in Folge seines Angebots als Mouchard mit dem preußischen Gesandtschafts-Sekretär Alberts zu London hatte.

„Die Rendez vous, welche die preußische Gesandtschaft in London ihren geheimen Agenten gibt, finden in einem dazu geeigneten Lokale statt. Die Gastwirthschaft The Cod, Fleetstreet, Temple Bar, fällt so wenig in die Augen, daß, wenn nicht ein goldener Hahn, Aushängeschild, ihren Eingang zeigte, ein Nichtsuchender sie schwerlich entdecken würde. Ein schmaler Eingang führte mich in das Innere dieser alt-englischen Taverne, und auf meine Frage nach Mr. Charles präsentirte sich mir unter dieser Firma eine wohlbeleibte Persönlichkeit mit einem so freundlichen Lächeln, als ob wir bereits alte Bekannte wären. Der Beauftragte der Gesandtschaft, denn dieser war es, schien sehr heiter gestimmt, und seine Laune stärkte sich noch dermaßen in Brandy und Wasser, daß er darüber eine ganze Weile den Zweck unserer Zusammenkunft zu vergessen schien. Mr. Charles, oder wie er sich mir gleich bei seinem richtigen Namen nannte, der Gesandtschaftsschreiber Alberts, machte mich zunächst damit bekannt, daß er eigentlich nichts mit Polizeisachen zu thun habe, aber dennoch wolle er die Vermittlung übernehmen.

.... Ein zweites Rendezvous fand in seiner damaligen Wohnung, Brewerstreet 39, Golden Square, statt, hier lernte ich zuerst den Polizei-Lieutenant G r e i f kennen; eine Figur nach echtem Polizeischnitte, mittlerer Größe mit dunklem Haar und einem gleichfarbigen par ordre zugeschnittenen Bart, so daß der Schnurr- sich mit dem Backenbarte verbindet, und freiem Kinn. Seine Augen, die nichts weniger als Geist verrathen, scheinen sich durch den häufigen Umgang mit Dieben und Gaunern an ein scharfes Herausglotzen gewöhnt zu haben.... Herr Greif hüllte sich, wie zu Anfang Herr Alberts, in denselben Pseudonym-Mantel und nannte sich Mr. Charles. Der neue Mr. Charles war wenigstens ernster gestimmt; er glaubte zunächst mich examiniren zu müssen.... Unsere erste Zusammenkunft schloß damit, daß er mir den Auftrag ertheilte, ihm genauen Bericht über alle Thätigkeit der revolutionären Emigration abzustatten..... Herr Greif stellte mir das nächste Mal „seine rechte Hand", wie er es nannte, „nämlich einen seiner Agenten", fügte er hinzu, vor. Der also Genannte war ein großer junger Mann in eleganter Kleidung, der sich mir wieder als Mr. Charles präsentirte; die gesammte politische Polizei scheint diesen Namen als Pseudonymus adoptirt zu haben, ich hatte es jetzt bereits mit drei Charles zu thun. Der Neuhinzugekommene schien indeß bei Weitem der Beachtenswertheste. „Er sei", wie er sagte, „auch Revolutionär gewesen, aber es lasse sich Alles machen, ich solle nur mit ihm zusammengehen." Greif verließ London für einige Zeit und schied von Hirsch „mit der ausdrücklichen Bemerkung, daß der neue Mr. Charles stets in seinem Auftrage handle, ich dürfe keine Bedenken tragen, mich ihm zu vertrauen, wenn auch manches mir seltsam vorkommen sollte; ich dürfe daran keinen Anstoß nehmen"; um mir dies deutlicher zu machen, fügte er hinzu: „Das Ministerium bedarf zuweilen dieser oder jener Gegenstände; D o k u m e n t e s i n d d i e H a u p t s a c h e; k a n n m a n s i e n i c h t s c h a f f e n, m u ß m a n s i c h d o c h z u h e l f e n w i s s e n!" Hirsch erzählt weiter: der letzte Charles sei F l e u r y gewesen, „früher beschäftigt bei der Expedition der von L. Wittig redigirten „Dreßdner Zeitung"." In Baden wurde er auf Grund überbrachter Empfehlungen aus Sachsen von der provisorischen Regierung nach der Pfalz geschickt, um die Organisation des Landsturmes zu betreiben u. s. w. Als die Preußen in Karlsruhe einrückten, wurde er gefangen u. s. w. Er erschien plötzlich wieder in London Ende 1850 oder Anfang 1851; hier trägt er von Anfang an den Namen de Fleury und befindet sich als solcher unter den Flüchtlingen in einer, wenigstens scheinbar, schlechten Lage, bezieht mit ihnen die vom Flüchtlingskomite errichtete Flüchtlingskaserne und genießt die Unterstützung. Anfangs Sommer 1851 verbessert sich plötzlich seine Lage, er bezieht eine anständige Wohnung und verheirathet sich Ende des Jahres mit der Tochter eines englischen Ingenieurs. Wir sehen ihn später als Polizeiagent in Paris..., Sein wirklicher Name ist K r a u s e, und zwar ist er der Sohn des Schuhmachers Krause, der vor etwa 15 bis 18 Jahren wegen Ermordung der Gräfin Schönberg und deren Kammerfrau in Dresden daselbst mit Backhof und Beseler hingerichtet wurde.... Oft hat mir Fleury-Krause gesagt, er habe schon seit seinem vierzehnten Jahre für die Regierungen gearbeitet."

Es ist dieser Fleury-Krause, den Stieber in der öffentlichen Gerichtssitzung zu Köln als direkt unter Greif dienenden geheimen preußischen Polizeiagenten eingestand. Ich sage von Fleury in meiner „Enthüllungen über den Kölner Kommunistenprozeß": „Fleury ist zwar nicht die Fleur-de-Marie der Prostituirten der Polizei, aber Blume ist er und Blüthen wird er treiben, wenn auch nur fleurs-de-lys." Dies hat sich gewissermaßen erfüllt. Einige Monate nach dem Kommunistenprozeß ward Fleury wegen Fälschung in England zu einigen Jahren hulks verurtheilt.

„Als die rechte Hand des Polizeilieutenant Greif", sagt Hirsch, „verkehrte Fleury in dessen Abwesenheit mit der preußischen Gesandtschaft direkt." Mit Fleury stand in Verbindung Max Reuter, der bei Oswald Dietz, damals Archivar des Schapper-Willich'schen Bundes, den Briefdiebstahl vollführte. „Stieber", sagt Hirsch, „war durch den Agenten des preußischen Gesandten Hatzfeldt in Paris, jenen berüchtigten Cherval, über die Briefe, welcher dieser letztere selbst nach London geschrieben, unterrichtet, und ließ sich durch Reuter nur den Aufenthaltsort desselben ermitteln, worauf Fleury in Stieber's Auftrag jenen Diebstahl mit Hülfe Reuter's vollführte. Dies sind die gestohlenen Briefe, die Herr Stieber sich nicht entblödet hat, offen „als solche" vor dem Geschwornengericht in Köln zu deponiren.... Im Herbst 1851 war Fleury gemeinsam mit Greif und Stieber in Paris gewesen, nachdem der letztere dort bereits, durch die Vermittlung des Grafen Hatzfeldt, mit jenem Cherval oder richtiger Joseph Crämer in Verbindung getreten war, mit dessen Hülfe er ein Komplott zu Stande zu bringen hoffte. Zu dem Ende beriethen die Herren Stieber, Greif, Fleury, ferner zwei andere Polizeiagenten: Beckmann*) und Sommer in Paris, gemeinsam mit dem famosen französischen Spion Lucien de la Hobbe (unter dem Namen Duprez) und ertheilen ihre Instruktionen an Cherval, nach denen er seine Korrespondenzen zuzuschneiden hatte. Oft genug hat sich Fleury mir gegenüber über jene provozirte Attaque zwischen Stieber und Cherval amüsirt; und jener Schmidt, der sich in der von Cherval auf polizeilichen Befehl gegründeten Verbindung als Sekretär eines revolutionären Bundes von Straßburg und Köln einführte, jener Schmidt ist kein anderer als Herr de Fleury.... Fleury war in London unzweifelhaft der einzige Agent der preußischen geheimen Polizei, und alle Anerbietungen und Vorschläge, welche der Gesandtschaft gemacht wurden, gingen durch seine Hand... seinem Urtheile vertrauten sich die Herren Greif und Stieber in vielen Fällen an." Fleury eröffnete dem Hirsch: „Herr Greif hat Ihnen gesagt, wie man handeln muß... Die Zentralpolizei in Frankfurt ist selbst der Ansicht, daß es sich vor allem darum handelt, die Existenz der politischen Polizei sicher zu stellen, durch welche Mittel wir dies thun, ist gleichgültig; ein Schritt ist gethan durch das September-Komplott in Paris." Greif kehrt nach London zurück, spricht seine Zufriedenheit über Hirsch's Arbeiten aus, verlangt aber mehr, namentlich Berichte über „die

---

*) Dasselbe Individuum, welches im Prozeß Arnim figurirte. Er war schon damals und noch lange Jahre nachher Pariser-Korrespondent der „Kölnischen Zeitung."

geheimen Bundessitzungen der Partei Marx. A tout prix, schloß der Polizeilieutenant, müssen wir Berichte über die Bundessitzungen aufstellen, machen Sie es nun, wie Sie wollen, nur die Wahrscheinlichkeit müssen Sie stets nicht überschreiten, ich selbst bin zu sehr beschäftigt. Herr de Fleury wird mit Ihnen in meinem Namen zusammen arbeiten." Greif's damalige Beschäftigung bestand, wie Hirsch sagt, in einer Korrespondenz mit Maupas durch de la Hodde-Duprez über die zu veranstaltende Scheinflucht von Cherval und Gipperich aus dem Gefängniß St. Pélagie. Auf Hirsch's Versicherung, daß „Marx in London keinen neuen Bundes-Zentralverein gegründet habe.. verabredete Greif mit Fleury, daß wir unter den gegebenen Umständen vor der Hand selbst Berichte über die Bundessitzungen anfertigen sollten; er, Greif, wollte die Echtheit übernehmen und vertreten und was er vorlege, werde so wie so acceptirt."

Fleury und Hirsch setzen sich also an die Arbeit. „Der Inhalt" ihrer Berichte über die von Marx gehaltnen Geheim-Bundessitzungen „wurde damit ausgefüllt", sagt Hirsch, „daß hin und wieder Diskussionen stattgefunden, Bundesmitglieder aufgenommen, in irgend einem Winkel Deutschlands sich eine neue Gemeinde gegründet, irgend eine neue Organisation stattgefunden, in Köln die gefangenen Freunde von Marx Aussicht oder keine Aussicht auf Befreiung hätten, daß Briefe von Dem oder Dem angekommen u. s. w. Was das Letztere betraf, so nahm Fleury dabei gewöhnlich Rücksicht auf Personen in Deutschland, welche bereits durch politische Untersuchungen verdächtig waren oder irgendwie eine politische Thätigkeit entfaltet hatten; sehr häufig jedoch mußte auch die Phantasie aushelfen und kam dann auch wohl einmal ein Bundesmitglied vor, dessen Namen vielleicht gar nicht in der Welt existirte. Herr Greif meinte dennoch, die Berichte wären gut und man müsse ja einmal à tout prix welche schaffen. Theilweis übernahm Fleury allein die Abfassung, meistentheils aber mußte ich ihm dabei behülflich sein, da es ihm unmöglich war, die geringste Kleinigkeit richtig zu stylisiren. So kamen die Berichte zu Stande und ohne Bedenken übernahm Herr Greif die Garantie ihrer Wahrheit." Hirsch erzählt nun weiter, wie er und Fleury A. Ruge zu Brighton und Eduard Meyen (Toby'schen Andenkens) besuchen und ihnen Briefe und lithographirte Korrespondenzen stehlen. Nicht genug damit. Greif-Fleury miethen in der Stanbury'schen Druckerei, Fetter Lane, eine lithographische Presse und machen mit Hirsch zusammen nun, selbst „radikale Flugblätter". Hier gibt es etwas zu lernen für „Demokrat" F. Zabel. Er höre: „Das erste Flugblatt, von mir (Hirsch) verfaßt, war nach Fleury's Angabe „An das Landproletariat" betitelt, und es gelang einige gute Abzüge davon zu Stande zu bringen. Herr Greif sandte diese Abzüge als von der Marx'schen Partei ausgehend ein und fügte über die Entstehungsweise, um noch wahrscheinlicher zu werden, in den auf die bezeichnete Weise fabrizirten Berichten der sogenannten Bundessitzungen, einige Worte über die Versendung einer solchen Flugschrift ein. Noch einmal geschah eine ähnliche Anfertigung unter dem Namen „An die Kinder des Volkes" und ich weiß nicht, unter welcher Firma Herr Greif diesmal dieselbe eingeliefert hat; später hörte dieses Kunststück auf, hauptsächlich, weil so viel Geld dabei zugesetzt ist." Cherval trifft nun in London ein nach seiner Scheinflucht aus Paris, wird vorläufig mit Salair von 1 Pfd. 10 Sh.

wöchentlich an Greif attachirt, „wofür er verpflichtet war, Berichte über den Verkehr zwischen der deutschen und französischen Emigration abzustatten." Im Arbeiterverein öffentlich enthüllt und als Mouchard ausgestoßen, „stellte Cherval aus sehr erklärlichen Gründen die deutsche Emigration und ihre Organe so unbeachtenswerth als möglich dar, weil es ihm ja nach dieser Seite hin total unmöglich war, auch nur etwas zu liefern. Dafür entwarf er dem Greif einen Bericht über die nicht deutsche revolutionäre Partei, der über Münchhausen ging."

Hirsch kehrt nun zu dem Kölner Prozeß zurück.

„Schon oftmals war Herr Greif über den Inhalt der in seinem Auftrag von Fleury verfertigten Bundesberichte, soweit sie den Kölner Prozeß betrafen, interpellirt worden... Auch bestimmte Aufträge liefen über diesen Gegenstand ein, einmal sollte Marx mit Lassalle unter einer Adresse „Trinkhaus" korrespondiren, und der Herr Staatsprokurator wünschte darüber Recherchen angestellt zu sehn.... Naiver erscheint ein Gesuch des Herrn Staatsprokurators, in welchem er gern genaue Aufklärung über die Geldunterstützungen, die Lassalle in Düsseldorf dem gefangenen Röser in Köln zukommen lasse, zu erhalten wünschte.... das Geld sollte nämlich eigentlich aus London kommen."

Es ist bereits Abschnitt III, 4, des „Herr Vogt" erwähnt, wie Fleury in Hinckeldey's Auftrag eine Person in London auftreiben sollte, die den verschwundenen Zeugen Haupt vor dem Kölner Geschworenengericht vorstelle u. s. w. Nach ausführlicher Darstellung dieses Zwischenfalls fährt Hirsch fort:

„Herr Stieber hatte inzwischen an Greif das dringende Verlangen gestellt, wo möglich Original-Protokolle über die von ihm eingesandten Bundessitzungen zu liefern. Fleury meinte, wenn man nur irgendwie Leute zur Verfügung hätte, würde er ein Original-Protokoll zu Stande bringen. Namentlich aber müsse man die **Handschriften einiger Freunde von Marx haben.** Diese letztere Bemerkung benutzte ich und wies meinerseits die Zumuthung zurück; nur noch einmal kam Fleury auf diesen Gegenstand zu sprechen, dann aber schwieg er davon. Plötzlich trat um diese Zeit Herr Stieber in Köln mit einem Protokollbuch des in London tagenden Bundes-Zentralvereins hervor.... noch mehr erstaunte ich, als ich in den durch die Journale auszüglich mitgetheilten Protokollen fast auf's Haar die in Greif's Auftrag durch Fleury gefälschten Berichte erkannte. Herr Greif oder Herr Stieber selbst hatten also doch auf irgend einem Wege eine Abschrift bewerkstelligt, denn **die Protokolle in diesem angeblichen Originale trugen Unterschriften, die von Fleury eingereichten waren nie mit solchen versehn.** Von Fleury selbst erfuhr ich über diese wunderbare Erscheinung nur, „daß Stieber Alles zu machen wisse, die Geschichte werde Furore machen!"

Sobald Fleury erfuhr, daß Marx die wirklichen Handschriften der angeblichen Protokoll-Unterzeichner (Liebknecht, Rings, Ulmer ec.) vor einem Londoner Policecourt legalisiren ließ, verfaßte er folgenden Brief:

„An das hohe Königl. Polizei-Präsidium in Berlin. London d. d. In der Absicht, die Unterschriften der Unterzeichner der Bundesprotokolle als gefälscht darzustellen, beabsichtigen Marx und seine Freunde hier die Legalisation von Handschriften zu bewerkstelligen, die dann als die wirklich echten Signaturen dem Assisenhofe vorgelegt werden sollen. Jeder, der die englischen Gesetze kennt, weiß auch, daß sie sich in dieser Beziehung wenden und drehen lassen, und daß Derjenige, welcher die Echtheit garantirt, im Grunde genommen eigentlich keine Bürgschaft leistet. Derjenige, welcher diese Mittheilung macht, scheut sich nicht, in einer Sache, wo es sich um die Wahrheit handelt, seinen Namen zu unterzeichnen. Becker, 4 Lichfield Street." "Fleury wußte die Adresse Becker's, eines deutschen Flüchtlings, der mit Willich in demselben Hause wohnte, so daß späterhin leicht der Verdacht der Urheberschaft auf diesen, als einen Gegner von Marx fallen konnte.... Fleury freute sich schon im Voraus über den Skandal, den das dann anrichten werde. Der Brief würde dann natürlich so spät verlesen werden, meinte er, daß etwaige Zweifel über seine Echtheit erst dann erledigt werden könnten, wenn der Prozeß bereits beendigt sei.... Der Brief, unterzeichnet Becker, war an das Polizeipräsidium in Berlin gerichtet, ging aber nicht nach Berlin, sondern „an den Polizeibeamten Goldheim, Frankfurter Hof in Köln", und ein Couvert zu diesem Brief ging an das Polizeipräsidium zu Berlin mit der Bemerkung auf einem einliegenden Zettel: „Herr Stieber zu Köln wird genaue Auskunft über den Zweck geben"... „Herr Stieber hat keinen Gebrauch von dem Briefe gemacht; er konnte keinen Gebrauch davon machen, weil er gezwungen war, das ganze Protokollbuch fallen zu lassen." In Bezug auf letzteres sagt Hirsch:

„Herr Stieber erklärt (vor Gericht), er habe dasselbe vierzehn Tage vorher in Händen gehabt und sich besonnen, ehe er Gebrauch davon gemacht; er erklärt weiter, es sei ihm durch einen Kourier in der Person Greif's zugekommen.... Greif hätte ihm mithin seine eigene Arbeit überbracht; — wie stimmt dies aber mit einem Schreiben des Herrn Goldheim überein? Herr Goldheim schreibt an die Gesandtschaft: man habe das Protokollbuch nur deßhalb so spät gebracht, um dem Erfolg etwaiger Interpellationen über seine Echtheit zu entgehn".... Freitag den 29 Oktober langte Herr Goldheim in London an. „Herr Stieber hatte nämlich die Unmöglichkeit vor Augen, die Echtheit des Protokollbuchs aufrecht erhalten zu können, er schickte deßhalb einen Deputirten, um an Ort und Stelle mit Fleury darüber zu verhandeln; die Frage war, ob man nicht auf irgend einem Wege eine Beweisführung herbeischaffen könne. Seine Besprechungen blieben fruchtlos und er reiste resultatlos wieder ab, indem er Fleury in einer verzweifelten Stimmung zurückließ; Stieber war nämlich entschlossen, in dem Falle, um nicht die Polizeichefs zu kompromittiren, ihn bloß zu stellen. Daß dies der Grund der Unruhe Fleury's war, lehrte mich erst die bald darauf folgende Erklärung des Herrn Stieber. Bestürzt griff Herr Fleury nun zu einem letzten Mittel; er brachte mir eine Handschrift, nach welcher ich eine Erklärung kopiren und mit dem Namen Liebknecht versehn dann vor dem Lordmayor von London, unter der Angabe, daß ich Liebknecht sei, beschwören solle.... Fleury sagte mir, die Handschrift rühre von Demjenigen her, der das Protokollbuch geschrieben habe, und Herr Goldheim habe sie (aus Köln) mitgebracht. Wie aber, wenn Herr Stieber das Protokollbuch per Kourier Greif aus London empfangen hatte, wie konnte Herr Goldheim in dem Augenblick, als Greif bereits wieder in London war, eine Handschrift des angeblichen Protokollisten aus Köln überbringen?... Was Fleury mir gab, waren nur einige Worte und die Signatur...." Hirsch „kopirte die Handschrift möglichst ähnlich und erklärte in derselben, daß der Unterzeichnete, Liebknecht nämlich, die von Marx und Konsorten geschehene Legalisation seiner Unterschrift für falsch, und diese, seine Signatur, für die einzig richtige erkläre. Als ich meine Arbeit vollendet und die Handschrift in Händen hatte (nämlich die ihm zur Kopie von Fleury übergebene Handschrift), die ich glücklicherweise noch gegenwärtig besitze, äußerte ich Fleury zu seinem nicht geringen Erstaunen mein Bedenken und schlug ihm das Gesuch rundweg ab. Untröstlich anfangs, erklärte er mir dann, daß er selbst die Beeidigung leisten werde.... Der Sicherheit halber meinte er, werde er die **Handschrift vom preußischen Konsul kontrasigniren lassen**, und er begab sich deshalb zunächst auf das Bureau desselben. Ich erwartete ihn in einer Taverne; als er zurückkam, hatte er die Kontrasignatur bewerkstelligt, worauf er sich in der Absicht der Beeidigung zum Lordmayor begab. Aber die Sache ging nicht auf dem Wege; der Lordmayor verlangte weitere Bürgschaften, die Fleury nicht leisten konnte, und der Eidschwur unterblieb.... Spät Abends sah ich noch einmal und damit zum letztenmal den Herrn de Fleury. Grade heute hatte er die üble Ueberraschung gehabt, in der „Kölnischen Zeitung" die ihn betreffende Erklärung des Herrn Stieber zu lesen. „Aber ich weiß, Stieber konnte nicht anders, er hätte sich sonst selbst kompromittiren müssen," trostphilosophirte Herr de Fleury sehr richtig...." „**In Berlin werde ein Schlag geschehn, wenn die Kölner verurtheilt wären**," sagte mir Herr de Fleury an einem der letzten Tage, die ich ihn sah."

Fleury's letzte Zusammenkünfte mit Hirsch fanden statt Ende Oktober 1852; Hirsch's Selbstbekenntnisse sind datirt Ende November 1852; und Ende März 1853 geschah der „Schlag in Berlin". (Ladendorf'sche Verschwörung.)

(Es wird nun den Leser interessiren, zu sehn, welches Zeugniß Stieber selbst seinen beiden Spießgesellen Fleury-Krause und Hirsch ausstellt. Ueber ersteren heißt es im Schwarzen Buch, II, S. 69:

„Nr. 345. Krause, Carl Friedrich August, aus Dreßden. Er ist der Sohn des im Jahre 1834 wegen Theilnahme an der Ermordung der Gräfin Schönberg zu Dreßden hingerichteten früheren Oekonomen, dann (nach seiner Hinrichtung?) Getreidemäklers Friedrich August Krause und der noch lebenden Wittwe desselben, Johanna Rosine geb. Göllnitz, und am 9. Januar 1824 in den Weinbergshäusern bei Coswig ohnweit Dreßden geboren. Seit 1. Oktober 1832 besuchte er die Armenschule zu Dreßden, wurde 1836 in das Waisenhaus zu Antonstadt-Dreßden aufgenommen und 1840 konfirmirt. Dann kam er zum Kaufmann Gruhle zu Dreßden in die Lehre, im folgenden Jahre aber schon wegen **mehrfacher Entwendungen** beim Stadtgerichte in Dreßden in Untersuchung und Haft, worauf ihm der erlittene Arrest als Strafe angerechnet wurde. Nach der Entlassung hielt er sich bei seiner Mutter geschäftslos auf, kam im März 1842 wegen eines **Diebstahls mit Einbruch** wieder in Haft und Untersuchung und erlitt eine ihm zuerkannte vierjährige Zuchthausstrafe. Am 23. Oktober 1846 kam er aus der Strafanstalt nach Dresden zurück und verkehrte nun unter den berüchtigtsten Dieben. Darauf nahm der Verein für entlassene Sträflinge sich seiner an und brachte ihn als Cigarrenmacher unter, als welcher er bis März 1848 ohne Unterbrechung mit leidlichem Betragen gearbeitet hat. Doch nun gab er sich von Neuem dem Hang zur Arbeitslosigkeit hin, und besuchte die politischen Vereine (als Regierungsspion, wie er selbst dem Hirsch in London gestand, s. oben). „Anfang 1849 wurde er Kolporteur der von dem jetzt in Amerika befindlichen republikanischen Literaten C. L. Wittig aus Dresden redigirten „Dresdner Zeitung", betheiligte sich im Mai 1849 als Kommandant der Barrikade an der Sophienstraße am Dresdner Aufstand und floh nach Unterdrückung desselben nach Baden, wo er namentlich mit Vollmachten der provisorischen badischen Regierung vom 10. und 23. Juni 1849 behufs Ausführung des Aufgebots zum Landsturm und behufs Erpressung von Lebensmitteln für die Insurgenten auftrat, vom preußischen Militär gefangen genommen wurde, am 8. Oktober 1849 aus Rastatt entsprang." (Ganz wie später Cherval aus Paris „entsprang". Nun kommt aber das ächte duftige Polizeiblümlein — man vergesse nicht, daß dies zwei Jahre nach dem Kölner Prozeß gedruckt wurde.) „Zufolge einer in Nr. 39 des „Berliner Publizisten" vom 15. Mai 1853 enthaltenen Nachricht, welche aus dem in New-York im Druck erschienenen Werk des Handlungsdieners Wilhelm Hirsch aus Hamburg: „Die Opfer der Spionage" entnommen ist" (du ahnungsvoller Engel, du Stieber!) trat Krause Ende 1850 oder Anfangs 1851 in London unter dem Namen Charles de Fleury als politischer Flüchtling auf und hat zuerst in ärmlichen Verhältnissen gelebt, ist seit 1851 aber in bessere Lage gekommen, indem er nach seiner Aufnahme in den Kommunistenbund" (die Stieber hinzufügt) „verschiedenen Regierungen als Agent gedient hat, wobei er sich aber mannigfache Schwindeleien hat zu Schulden kommen lassen." So bedankt sich Stieber bei seinem Freund Fleury, der übrigens, wie oben erwähnt, wenige Monate nach dem Kölner Prozeß in London wegen Fälschung zu verschiedenen Jahren Zuchthaus verurtheilt wurde.

Von Ehren-Hirsch heißt es ebendaselbst, S. 58:

„Nr. 265. Hirsch, Wilhelm, Handlungsdiener aus Hamburg. Er hat sich, wie es scheint, nicht als Flüchtling" (wozu diese ganz zwecklose Lüge? Goldheim hatte ihn ja in Hamburg verhaften wollen!), „sondern freiwillig nach London gewendet, dort aber viel mit den Flüchtlingen verkehrt, namentlich hatte er sich der Kommunistenpartei angeschlossen. Er entwickelte eine doppelte Rolle. Einmal nahm er Theil an den Bestrebungen der Umsturzpartei, zum andern bot er sich den Kontinental-Regierungen als Spion sowohl gegen politische Verbrecher als auch gegen Falschmünzer an. Er hat in dieser letzten Beziehung aber die ärgsten Betrügereien und Schwindeleien, namentlich Fälschungen, verübt, so daß vor ihm nicht genug gewarnt werden kann. Er hat sogar im Verein mit ähnlichen Subjekten selbst falsches Papiergeld gemacht, nur um für hohe Bezahlung den Polizeibehörden angeblich Falschmünzereien zu entdecken. Er wurde allmälig von beiden Seiten (von den polizeilichen wie von den unpolizeilichen Falschmünzern?) „erkannt und hat sich jetzt von London nach Hamburg zurückgezogen, wo er in dürftigen Umständen lebt."

Soweit Stieber über seine Londoner Handlanger, deren „Wahrhaftigkeit und Zuverlässigkeit" zu beschwören er nicht müde wird. Interessant ist dabei besonders die absolute Unmöglichkeit, in der sich dieser Musterpreuße befindet, die einfache Wahrheit zu sagen. Zwischen die aus den Akten hineingenommenen — wahren und falschen — Thatsachen kann er es nicht lassen, selbst ganz zwecklose Lügen hineinzustiebern. Und darin, daß auf die Aussagen solcher gewerbsmäßigen Lügner — sie sind heute zahlreicher als je — Hunderte von Leuten zu Gefängniß verurtheilt werden, darin besteht das, was man heute Staatsrettung nennt.)

2) Nachwort von Marx.

Die „Enthüllungen über den Kommunistenprozeß zu Köln", deren Wiederveröffentlichung der „Volksstaat" für zeitgemäß hielt, erschienen ursprünglich zu Boston, Massachusetts, und zu Basel. Letztere Auflage ward größtentheils an der deutschen Grenze konfiszirt. Die Schrift sah das Licht wenige Wochen nach Schluß des Prozesses. Damals galt es vor Allem, keine Zeit zu verlieren, und war daher mancher Irrthum im Einzelnen unvermeidlich. So z. B. in der Namensangabe der Kölner Geschworenen. So soll nicht M. Heß, sondern ein gewisser Levy der Verfasser des rothen Katechismus sein. So versichert W. Hirsch in seiner „Rechtfertigungsschrift", Cherval's Flucht aus dem Pariser Gefängniß sei zwischen Greif, der französischen Polizei und Cherval selbst abgekartet worden, um letzteren während der Gerichtsverhandlungen als Mouchard zu London verwenden zu können. Es ist dies wahrscheinlich, weil eine in Preußen begangene Wechselfälschung und die daraus entspringende Gefahr der Auslieferung den Crämer (dies der wirkliche Name Cherval's) litten mußten. Meine Darstellung des Vorganges beruht auf „Selbstgeständnissen" Cherval's an einen meiner Freunde. Hirsch's Angabe wirft ein noch grelleres Licht auf Stieber's Meineid, die Ränke der preußischen Gesandtschaft zu London und zu Paris, die schamlosen Eingriffe Hinckeldey's.

Als der „Volksstaat" das Pamphlet in seinen Spalten abzudrucken begann, schwankte ich einen Augenblick, ob es nicht passend sei, Abschnitt VI (Fraktion Willich-Schapper) wegzulassen. Bei näherem Erwägen jedoch erschien jede Verstümmelung des Textes als Fälschung eines historischen Dokuments.

Der gewaltsame Niederschlag einer Revolution läßt in den Köpfen ihrer Mitspieler, namentlich der vom heimischen Schauplatz in's Exil geschleuderten, eine Erschütterung zurück, welche selbst tüchtige Persönlichkeiten für kürzere oder längere Zeit sozusagen unzurechnungsfähig macht. Sie können sich nicht in den Gang der Geschichte finden, sie wollen nicht einsehen, daß sich die Form der Bewegung verändert hat. Daher Konspirations- und Revolutionsspielerei, gleich kompromittirlich für sie selbst und die Sache, in deren Dienst sie stehen; daher auch die Fehlgriffe Schapper's und Willich's. Willich hat im nordamerikanischen Bürgerkriege gezeigt, daß er mehr als ein Phantast ist, und Schapper, lebenslang Vorkämpfer der Arbeiterbewegung, erkannte und bekannte, bald nach Ende des Kölner Prozesses, seine augenblickliche Berirrung. Viele

Jahre später, auf seinem Sterbebett, einen Tag vor seinem Tode, sprach er mir noch mit beißender Ironie von jener Zeit der „Flüchtlingstölpelei". — Andererseits erklären die Umstände, in denen die „Enthüllungen" verfaßt wurden, die Bitterkeit des Angriffs auf die unfreiwilligen Helfershelfer des gemeinsamen Feindes. In Augenblicken der Krise wird Kopflosigkeit zum Verbrechen an der Partei, das öffentliche Sühne herausfordert.

„Die ganze Existenz der politischen Polizei hängt von der Entscheidung dieses Prozesses ab!" In diesen Worten, die Hinckeldey während der Kölner Gerichtsverhandlungen an die Gesandtschaft zu London schrieb (siehe meine Schrift: „Herr Vogt", pag. 27), verrieth er das Geheimniß des Kommunistenprozesses. „Die ganze Existenz der politischen Polizei," das ist nicht nur die Existenz und Thätigkeit des mit diesem Fache unmittelbar betrauten Personals. Es ist die Unterordnung der ganzen Regierungsmaschinerie mit Einschluß der Gerichte (siehe das preußische Disziplinargesetz für die richterlichen Beamten vom 7. Mai 1851) und der Presse (siehe Reptilienfond) unter jenes Institut, wie das gesammte Staatswesen in Venedig der Staatsinquisition unterworfen war. Die politische Polizei, während des Revolutionssturms in Preußen lahmgelegt, bedurfte einer Umgestaltung, für welche das zweite französische Kaiserreich mustergültig war und blieb.

Nach dem Untergange der Revolution von 1849 existirte die deutsche Arbeiterbewegung nur noch unter der Form theoretischer, zudem in enge Kreise gebannter Propaganda, über deren praktische Gefahrlosigkeit die preußische Regierung sich keinen Augenblick täuschte. Ihr galt die Kommunistenhetze nur als Einleitung zum Reaktionskreuzzug gegen die liberale Bourgeoisie, und die Bourgeoisie selbst stählte die Hauptwaffe dieser Reaktion, die politische Polizei, durch die Verurtheilung der Arbeitervertreter und die Freisprechung von Hinckeldey-Stieber. So verdiente Stieber seine Rittersporen vor den Assisen zu Köln. Damals war Stieber der Name eines untergeordneten Polizeiindividuums, auf wilder Jagd nach Gehalts- und Amtserhöhung; jetzt bedeutet Stieber die unbeschränkte Herrschaft der politischen Polizei im neuen heiligen preußisch-deutschen Reiche. Er hat sich so gewissermaßen in eine moralische Person verwandelt, moralisch in dem biblischen Sinne, wie z. B. der Reichstag ein moralisches Wesen ist. Und diesmal schlägt die politische Polizei nicht auf den Arbeiter, um den Bourgeois zu treffen. Umgekehrt. Grade in seiner Eigenschaft als Diktator der deutsch-liberalen Bourgeoisie wähnt Bismarck sich stark genug, die Arbeiterpartei aus der Welt stiebern zu können. An dem Wachsthum der Größe Stieber kann das deutsche Proletariat daher den Fortschritt der Bewegung messen, die es selbst seit dem Kölner Kommunistenprozeß zurückgelegt hat.

Die Unfehlbarkeit des Papstes ist eine Kinderei verglichen mit der Unfehlbarkeit der politischen Polizei. Nachdem sie in Preußen während ganzer Dezennien jugendliche Brauseköpfe in's Loch gesteckt, von wegen Schwärmerei für deutsche Einheit, deutsches Reich, deutsches Kaiserthum, lerkert sie heuer sogar alte Glatzköpfe ein, die für jene Gottesgaben zu schwärmen verweigern. Heute müht sie sich ebenso vergeblich ab, die Reichsfeinde auszuroben, wie damals die Reichsfreunde. Welch' schlagender Beweis, daß sie nicht dazu berufen ist, Geschichte zu machen, wäre es auch nur die Geschichte des Zanks um des Kaisers Bart!

Der Kommunistenprozeß zu Köln selbst brandmarkt die Ohnmacht der Staatsmacht in ihrem Kampf gegen die gesellschaftliche Entwicklung. Der königl. preußische Staatsanwalt begründete die Schuld der Angeklagten schließlich damit, daß sie die staatsgefährlichen Prinzipien des „Kommunistischen Manifestes" heimlich verbreiteten. Und werden trotzdem dieselben Prinzipien zwanzig Jahre später nicht in Deutschland auf offener Straße verkündet? Erschallen sie nicht selbst von der Tribüne des Reichstags? Haben sie in der Gestalt des „Programms der Internationalen Arbeiterassoziation" nicht die Reise um die Welt gemacht, allen Regierungs-Steckbriefen zum Trotz? Die Gesellschaft findet nun einmal nicht ihr Gleichgewicht, bis sie sich um die Sonne der Arbeit dreht.

Die „Enthüllungen" sagen am Schluß: „Jena ... das ist das letzte Wort für eine Regierung, die solcher Mittel zum Bestehen, und für eine Gesellschaft, die solch einer Regierung zum Schutze bedarf. Das ist das letzte Wort des Kommunistenprozesses — Jena!" Eine gelungene Vorhersage dies, sichert der erste beste Treitschke mit stolzem Hinweis auf Preußens jüngste Waffenthat und das Mausergewehr. Mir genügt zu erinnern, daß es nicht nur ein inneres Düppel gibt, sondern auch ein inneres Jena.

London, den 8. Januar 1875.

Karl Marx.

IX. Anhang.

1) Ansprache der Zentralbehörde an den Bund vom März 1850.

Die Zentralbehörde an den Bund.

"Brüder! In den beiden Revolutionsjahren 1848—49 hat sich der Bund in doppelter Weise bewährt; einmal dadurch, daß seine Mitglieder an allen Orten energisch in die Bewegung eingriffen, daß sie in der Presse, auf den Barrikaden und Schlachtfeldern voranstanden in den Reihen der allein entschieden revolutionären Klasse des Proletariats. Der Bund hat sich ferner dadurch bewährt, daß seine Auffassung der Bewegung, wie sie in den Rundschreiben der Kongresse und der Zentralbehörde von 1847 und im kommunistischen Manifeste niedergelegt war, als die einzig richtige sich erwiesen hat, daß die in jenen Aktenstücken ausgesprochenen Erwartungen sich vollständig erfüllten und die früher vom Bunde nur im Geheimen propagirte Auffassung der heutigen Gesellschaftszustände jetzt im Munde der Völker ist und auf den Märkten öffentlich gepredigt wird. Zu gleicher Zeit wurde die frühere feste Organisation des Bundes bedeutend gelockert. Ein großer Theil der Mitglieder, in der revolutionären Bewegung direkt betheiligt, glaubte die Zeit der geheimen Gesellschaften vorüber und das öffentliche Wirken allein hinreichend. Die einzelnen Kreise und Gemeinden ließen ihre Verbindungen mit der Zentralbehörde erschlaffen und allmälig einschläfern. Während also die demokratische Partei, die Partei der Kleinbürgerschaft, sich in Deutschland immer mehr organisirte, verlor die Arbeiterpartei ihren einzigen festen Halt, blieb höchstens in einzelnen Lokalitäten zu lokalen Zwecken organisirt und gerieth dadurch in der allgemeinen Bewegung vollständig unter die Herrschaft und Leitung der kleinbürgerlichen Demokraten. Diesem Zustande muß ein Ende gemacht, die Selbständigkeit der Arbeiter muß hergestellt werden. Die Zentralbehörde begriff diese Nothwendigkeit und schickte deßhalb schon im Winter 1848—49 einen Emissär, Joseph Moll, zur Reorganisation des Bundes nach Deutschland. Die Mission Moll's blieb indeß ohne nachhaltige Wirkung, theils weil die deutschen Arbeiter damals noch nicht Erfahrungen genug gemacht hatten, theils weil die Insurrektion vom vorigen Mai sie unterbrochen. Moll selbst griff zur Muskete, trat in die badisch-pfälzische Armee und fiel am 19. Juli in dem Treffen an der Murg. Der Bund verlor in ihm eines seiner ältesten, thätigsten und zuverlässigsten Mitglieder, das bei allen Kongressen und Zentralbehörden thätig gewesen war, und schon früher eine Reihe von Missionsreisen mit großem Erfolg ausgeführt hatte. Nach der Niederlage der revolutionären Parteien Deutschlands und Frankreichs im Juli 1849 haben sich fast alle Mitglieder der Zentralbehörde in London wieder zusammengefunden, sich mit neuen revolutionären Kräften ergänzt und mit erneutem Eifer die Reorganisation des Bundes betrieben.

Die Reorganisation kann nur durch einen Emissär erfolgen und die Zentralbehörde hält für höchst wichtig, daß der Emissär gerade in diesem Augenblicke abgeht, wo eine neue Revolution bevorsteht, wo die Arbeiterpartei also möglichst organisirt, möglichst einstimmig und möglichst selbständig auftreten muß, wenn sie nicht wieder wie 1848 von der Bourgeoisie exploitirt und in's Schlepptau genommen werden soll.

Wir sagten Euch, Brüder, schon im Jahre 1848, daß die deutschen liberalen Bourgeois bald zur Herrschaft kommen und ihre neu errungene Macht sofort gegen die Arbeiter kehren würden. Ihr habt gesehen, wie dies in Erfüllung gegangen ist. In der That waren es die Bourgeois, die nach der Märzbewegung 1848 sofort Besitz von der Staatsgewalt ergriffen und diese Macht dazu benutzten, die Arbeiter, ihre Bundesgenossen im Kampfe, sogleich in die frühere unterdrückte Stellung zurückzudrängen. Konnte die Bourgeoisie dies nicht durchführen, ohne sich mit der im März beseitigten feudalen Partei zu verbinden, ohne schließlich sogar dieser feudalen absolutistischen Partei die Herrschaft wieder abzutreten, so hat sie sich doch Bedingungen gesichert, die ihr auf die Dauer durch die Finanzverlegenheiten der Regierung die Herrschaft in die Hände spielen und alle ihre Interessen sicher stellen würden, wäre es möglich, daß die revolutionäre Bewegung schon jetzt in eine sogenannte friedliche Entwicklung verliefe. Die Bourgeoisie würde sogar, um ihre Herrschaft zu sichern, nicht einmal nöthig haben, sich durch Gewaltmaßregeln gegen das Volk verhaßt zu machen, da alle diese Gewaltschritte schon durch die feudale Kontrerevolution vollführt sind. Die Entwicklung wird aber diesen friedlichen Gang nicht nehmen. Die Revolution, welche sie beschleunigen wird, steht im Gegentheil nahe bevor, sei es, daß sie hervorgerufen wird durch eine selbständige Erhebung des französischen Proletariats, oder durch die Invasion der heiligen Allianz gegen das revolutionäre Babel.

Und die Rolle, die die deutschen liberalen Bourgeois 1848 gegenüber dem Volke gespielt haben, diese so verrätherische Rolle, wird in der bevorstehenden Revolution übernommen von den demokratischen Kleinbürgern, die jetzt in der Opposition dieselbe Stellung einnehmen, wie die liberalen Bourgeois vor 1848. Diese Partei, die demokratische, die den Arbeitern weit gefährlicher ist als die frühere liberale, besteht aus drei Elementen.

I. Aus den fortgeschrittensten Theilen der großen Bourgeoisie, die den sofortigen vollständigen Sturz des Feudalismus und Absolutismus als Ziel verfolgen. Diese Fraktion wird vertreten durch die ehemaligen Berliner Vereinbarer, durch die Steuerverweigerer.

II. Aus den demokratisch-konstitutionellen Kleinbürgern, deren Hauptzweck während der bisherigen Bewegung die Herstellung eines mehr oder minder demokratischen Bundesstaats war, wie er von ihren Vertretern, der Linken der Frankfurter Versammlung und später dem Stuttgarter Parlament und von ihnen selbst in der Reichsverfassungskampagne angestrebt wurde.

III. Aus den republikanischen Kleinbürgern, deren Ideal eine deutsche Föderativrepublik nach Art der Schweiz ist, und die sich jetzt roth und sozialdemokratisch nennen, weil sie den frommen Wunsch hegen, den Druck des großen Kapitals auf das kleine, des großen Bourgeois auf den Kleinbürger abzuschaffen. Die Vertreter dieser Fraktion waren die Mitglieder der demokratischen Kongresse und Komites, die Leiter der demokratischen Vereine, die Redakteure der demokratischen Zeitungen.

Alle diese Fraktionen nennen sich jetzt nach ihrer Niederlage Republikaner oder Rothe, grade wie sich jetzt in Frankreich die republikanischen Kleinbürger Sozialisten nennen. Wo, wie in Würtemberg, Baiern ꝛc., sie noch Gelegenheit finden, ihre Zwecke auf konstitutionellem Wege zu verfolgen, ergreifen sie die Gelegenheit, ihre alten Phrasen beizubehalten und durch die That zu beweisen, daß sie sich nicht im Mindesten geändert haben. Es versteht sich übrigens, daß der veränderte Name dieser Partei, gegenüber den Arbeitern, nicht das Mindeste ändert, sondern blos beweist, daß sie nun gegen die, mit dem Absolutismus vereinigte Bourgeoisie Front machen und sich auf's Proletariat stützen muß.

Die kleinbürgerlich-demokratische Partei in Deutschland ist sehr mächtig, sie umfaßt nicht nur die große Mehrheit der bürgerlichen Einwohner der Städte, die kleinen industriellen Kaufleute und die Gewerksmeister; sie zählt in ihrem Gefolge die Bauern und das Landproletariat, solange dies noch nicht in dem selbstständigen Proletariat der Städte eine Stütze gefunden hat.

Das Verhältniß der revolutionären Arbeiterpartei zur kleinbürgerlichen Demokratie ist dies: sie geht mit ihr zusammen gegen die Fraktion, deren Sturz sie bezweckt; sie tritt ihnen gegenüber in Allem, wodurch sie sich für sich selbst festsetzen wollen.

Die demokratischen Kleinbürger, weit entfernt, für die revolutionären Proletarier die ganze Gesellschaft umwälzen zu wollen, erstreben eine Aenderung der gesellschaftlichen Zustände, wodurch ihnen die bestehende Gesellschaft möglichst erträglich und bequem gemacht wird. Sie verlangen daher vor Allem Verminderung der Staatsausgaben durch Beschränkung der Bureaukratie und Verlegung der Hauptsteuer auf die großen Grundbesitzer und Bourgeois. Sie verlangen ferner die Beseitigung des Drucks des großen Kapitals auf das kleine, durch öffentliche Kreditinstitute und Gesetze gegen den Wucher, wodurch es ihnen und den Bauern möglich wird, Vorschüsse von dem Staat statt von den Kapitalisten zu günstigen Bedingungen zu erhalten; ferner Durchführung der bürgerlichen Eigenthumsverhältnisse auf dem Lande durch vollständige Beseitigung des Feudalismus. Um dieses Alles durchzuführen, bedürfen sie einer demokratischen, sei es konstitutionellen oder republikanischen, Staatsverfassung, die ihnen und ihren Bundesgenossen, den Bauern, die Majorität gibt, und eine demokratische Gemeindeverfassung, die die direkte Kontrole über das Gemeindeeigenthum und eine Reihe von Funktionen in ihre Hand gibt, die jetzt von den Bureaukraten ausgeübt werden.

Der Herrschaft und raschen Vermehrung des Kapitals soll ferner theils durch Beschränkung des Erbrechts, theils durch Ueberweisung möglichst vieler Arbeiten an den Staat entgegenarbeitet werden. Was die Arbeiter angeht, so steht vor Allem fest, daß sie Lohnarbeiter bleiben sollen wie bisher, nur wünschen die demokratischen Kleinbürger den Arbeitern besseren Lohn und eine gesichertere Existenz, und hoffen dies durch theilweise Beschäftigung von Seiten des Staates und durch Wohlthätigkeitsmaßregeln zu erreichen, kurz sie hoffen die Arbeiter durch mehr oder minder versteckte Almosen zu bestechen und ihre revolutionäre Kraft durch momentane Erträglichmachung ihrer Lage zu brechen. Die hier zusammengefaßten Forderungen der kleinbürgerlichen Demokratie werden nicht von allen Fraktionen derselben zugleich vertreten und schweben in ihrer Gesammtheit den wenigsten Leuten derselben als bestimmtes Ziel vor. Je weiter einzelne Leute oder Fraktionen unter ihnen gehen, desto mehr werden sie von diesen Forderungen zu den ihrigen machen, und die Wenigen, die in Vorstehendem ihr eigenes Programm sehen, würden glauben, damit aber auch das Aeußerste aufgestellt zu haben, was von der Revolution zu verlangen ist. Diese Forderungen können der Partei des Proletariats aber keineswegs genügen. Während die demokratischen Kleinbürger die Revolution möglichst rasch und unter Durchführung höchstens der obigen Ansprüche zum Abschlusse bringen wollen, ist es unser Interesse und unsere Aufgabe, die Revolution permanent zu machen, solange, bis alle mehr oder weniger besitzenden Klassen von der Herrschaft verdrängt sind, die Staatsgewalt vom Proletariat erobert und die Assoziation der Proletarier nicht nur in einem Lande, sondern in allen herrschenden Ländern der ganzen Welt so weit vorgeschritten ist, daß die Konkurrenz der Proletarier in diesen Ländern aufgehört hat, und daß wenigstens die entscheidenden produktiven Kräfte in den Händen der Proletarier konzentrirt sind. Es kann sich für uns nicht um Veränderung des Privateigenthums handeln, sondern nur um seine Vernichtung, nicht um Vertuschung der Klassengegensätze, sondern um Aufhebung der Klassen, nicht um Verbesserung der bestehenden Gesellschaft, sondern um Gründung einer neuen. Daß die kleinbürgerliche Demokratie während der weiteren Entwicklung der Revolution für einen Augenblick den überwiegenden Einfluß in Deutschland erhalten wird, unterliegt keinem Zweifel. Es fragt sich also, was die Stellung des Proletariats und speziell des Bundes ihr gegenüber sein wird:

1) Während der Fortdauer der jetzigen Verhältnisse, wo die kleinbürgerlichen Demokraten ebenfalls unterdrückt sind?

2) Im nächsten revolutionären Kampfe, der ihnen das Uebergewicht geben wird?

3) Nach diesem Kampf, während der Zeit des Uebergewichts über die gestürzten Klassen und das Proletariat?

1) Im gegenwärtigen Augenblicke, wo die demokratischen Kleinbürger überall unterdrückt sind, predigen sie dem Proletariat im Allgemeinen Einigung und Versöhnung, sie bieten ihm die Hand und streben nach der Herstellung einer großen Oppositionspartei, die alle Schattirungen in der demokratischen Partei umfaßt, das heißt, sie streben danach, die Arbeiter in eine Parteiorganisation zu verwickeln, in der die allgemein sozialdemokratischen Phrasen vorherrschend sind, hinter welchen ihre besonderen Interessen sich verstecken, und in der die bestimmten Forderungen des Proletariats um des lieben Friedens willen nicht vorgebracht werden dürfen. Eine solche Vereinigung würde allein zu ihrem Vortheile und ganz zum Nachtheile des Proletariats ausfallen. Das Proletariat würde

seine ganze selbständige, mühsam erkaufte Stellung verlieren und wieder zum Anhängsel der offiziellen bürgerlichen Demokratie herabsinken. Diese Vereinigung muß also auf das Entschiedenste zurückgewiesen werden. Statt sich abermals dazu herabzulassen, den bürgerlichen Demokraten als beifallklatschender Chor zu dienen, müssen die Arbeiter, vor Allem der Bund, dahin wirken, neben den offiziellen Demokraten eine selbständige geheime und öffentliche Organisation der Arbeiterpartei herzustellen und jede Gemeinde zum Mittelpunkt und Kern von Arbeitervereinen zu machen, in denen die Stellung und Interessen des Proletariats unabhängig von bürgerlichen Einflüssen diskutirt werden. Wie wenig es den bürgerlichen Demokraten mit einer Allianz Ernst ist, in der die Proletarier ihnen mit gleicher Macht und gleichen Rechten zur Seite stehen, zeigen zum Beispiel die Breslauer Demokraten, die in ihrem Organ, der „Neuen Oderzeitung", die selbstständig organisirten Arbeiter, die sie Sozialisten tituliren, auf's Wüthendste verfolgen. Für den Fall eines Kampfes gegen einen gemeinsamen Gegner braucht es keiner besonderen Vereinigung. Sobald ein solcher Gegner direkt zu bekämpfen ist, fallen die Interessen beider Parteien für den Moment zusammen, und wie bisher wird sich auch in Zukunft diese nur für den Augenblick berechnete Verbindung von selbst herstellen. Es versteht sich, daß bei den bevorstehenden blutigen Konflikten, wie bei allen früheren, die Arbeiter durch ihren Muth, ihre Entschiedenheit und Aufopferung hauptsächlich den Sieg werden zu erkämpfen haben. Wie bisher werden auch in diesem Kampfe die Kleinbürger in Masse sich so lange wie möglich zaudernd, unschlüssig und unthätig verhalten, um dann, sobald der Sieg entschieden ist, ihn für sich in Beschlag zu nehmen, die Arbeiter zur Ruhe und Heimkehr an ihre Arbeit aufzufordern, sogenannte Excesse zu verhüten und das Proletariat von den Früchten des Sieges auszuschließen. Es liegt nicht in der Macht der Arbeiter, den kleinbürgerlichen Demokraten dies zu verwehren, aber es liegt in ihrer Macht, ihnen das Aufkommen gegenüber dem bewaffneten Proletariat zu erschweren und ihnen solche Bedingungen zu diktiren, daß die Herrschaft der bürgerlichen Demokraten von vornherein den Keim des Unterganges in sich trägt und ihre spätere Verdrängung durch die Herrschaft des Proletariats bedeutend erleichtert wird. Die Arbeiter müssen vor allen Dingen während des Konfliktes und unmittelbar nach dem Kampfe, soviel nur irgend möglich, der bürgerlichen Abwiegelung entgegenwirken und die Demokraten zur Ausführung ihrer jetzigen terroristischen Phrasen zwingen. Sie müssen dahin arbeiten, daß die unmittelbare revolutionäre Aufregung nicht sogleich nach dem Siege wieder unterdrückt wird. Sie müssen sie im Gegentheil solange wie möglich aufrecht erhalten. Weit entfernt, den sogenannten Excessen, den Exempeln der Volksrache an verhaßten Individuen oder öffentlichen Gebäuden, an die sich nur gehässige Erinnerungen knüpfen, entgegenzutreten, muß man diese Exempel nicht nur dulden, sondern ihre Leitung selbst in die Hand nehmen. Während des Kampfes und nach dem Kampf müssen die Arbeiter neben den Forderungen der bürgerlichen Demokraten ihre eigenen Forderungen bei jeder Gelegenheit aufstellen. Sie müssen Garantien für die Arbeiter verlangen, sobald die demokratischen Bürger sich anschicken, die Regierung in die Hand zu nehmen. Sie müssen sich diese Garantien nöthigenfalls erzwingen und überhaupt dafür sorgen, daß die neuen Regierer sich zu allen nur möglichen Konzessionen und Versprechungen verpflichten; — das sicherste Mittel, sie zu kompromittiren. Sie müssen überhaupt den Siegesrausch und die Begeisterung für den neuen Zustand, der nach jedem siegreichen Straßenkampf eintritt, in jeder Weise durch ruhige und kaltblütige Auffassung der Zustände und durch unverholenes Mißtrauen gegen die neue Regierung so sehr wie möglich zurückhalten. Sie müssen neben den neuen offiziellen Regierungen zugleich eigene revolutionäre Arbeiterregierungen, sei es in der Form von Gemeindevorständen, Gemeinderäthen, sei es durch Arbeiterklubs oder Arbeiterkomites, errichten, so daß die bürgerlichen demokratischen Regierungen nicht nur sogleich den Rückhalt an den Arbeitern verlieren, sondern sich von vornherein von Behörden überwacht und bedroht sehen, hinter denen die ganze Masse der Arbeiter steht. Mit einem Worte: vom ersten Augenblicke des Sieges an muß sich das Mißtrauen nicht mehr gegen die besiegte reaktionäre Partei, sondern gegen ihre bisherigen Bundesgenossen, gegen die Partei richten, die den gemeinsamen Sieg allein exploitiren will.

2) Um aber dieser Partei, deren Verrath an den Arbeitern mit der ersten Stunde des Sieges anfangen wird, energisch und drohend entgegentreten zu können, müssen die Arbeiter bewaffnet und organisirt sein. Die Bewaffnung des ganzen Proletariats mit Flinten, Büchsen, Geschützen und Munition muß sofort durchgesetzt, der Wiederbelebung der alten, gegen die Arbeiter gerichteten Bürgerwehr muß entgegengetreten werden. Wo dies letztere aber nicht durchzusetzen ist, müssen die Arbeiter versuchen, sich selbständig als proletarische Garde, mit selbstgewählten Chefs und eigenem selbstgewählten Generalstabe zu organisiren und unter den Befehl, nicht der Staatsgewalt, sondern der von den Arbeitern durchgesetzten revolutionären Gemeinderäthe zu treten. Wo Arbeiter für Staatsrechnung beschäftigt werden, müssen sie ihre Bewaffnung und Organisation in ein besonderes Corps mit selbstgewählten Chefs oder als Theil der proletarischen Garde durchsetzen. Die Waffen und die Munition dürfen unter keinem Vorwand aus den Händen gegeben, jeder Entwaffnungsversuch muß nöthigenfalls mit Gewalt vereitelt werden. Vernichtung des Einflusses der bürgerlichen Demokraten auf die Arbeiter, sofortige selbständige und bewaffnete Organisation der Arbeiter und Durchsetzung möglichst erschwerender und kompromittirender Bedingungen für die augenblickliche unvermeidliche Herrschaft der bürgerlichen Demokratie, das sind die Hauptpunkte, die das Proletariat und somit der Bund während und nach dem bevorstehenden Aufstand im Auge zu behalten hat.

3) Sobald die neuen Regierungen sich einigermaßen befestigt haben, wird ihr Kampf gegen die Arbeiter sofort beginnen. Um hier den demokratischen Kleinbürgern mit Macht entgegentreten zu können, ist es vor Allem nöthig, daß die Arbeiter in Klubs selbständig organisirt und zentralisirt sind. Die Zentralbehörde wird sich, sobald dies irgend möglich ist, nach dem Sturze der bestehenden Regierungen nach Deutschland begeben, sofort einen Kongreß berufen und diesem die nöthigen Vorlagen wegen der Zentralisation der Arbeiterklubs unter einer im Hauptsitze der Bewegung etablirten Direktion machen. Die rasche Organisation, wenigstens einer provinziellen Verbindung der Arbeiterklubs, ist einer

der wichtigsten Punkte zur Stärkung und Entwicklung der Arbeiterpartei; die nächste Folge des Sturzes der bestehenden Regierungen wird die Wahl einer Nationalvertretung sein. Das Proletariat muß hier dafür sorgen:

I. Daß durch keinerlei Chikanen von Lokalbehörden und Regierungskommissarien eine Anzahl Arbeiter unter irgend einem Vorwand ausgeschlossen wird.

II. Daß überall neben den bürgerlichen demokratischen Kandidaten Arbeiterkandidaten aufgestellt werden, die möglichst aus Bundesmitgliedern bestehen müssen und deren Wahl mit allen möglichen Mitteln zu betreiben ist. Selbst da, wo gar keine Aussicht zu ihrer Durchführung vorhanden ist, müssen die Arbeiter ihre eigenen Kandidaten aufstellen, um ihre Selbstständigkeit zu bewahren, ihre Kräfte zu zählen, ihre revolutionäre Stellung und Parteistandpunkte vor die Oeffentlichkeit zu bringen. Sie dürfen sich hierbei nicht durch die Redensarten der Demokraten bestechen lassen, wie z. B. dadurch spalte man die demokratische Partei und gebe der Reaktion die Möglichkeit zum Siege. Bei allen solchen Phrasen kommt es schließlich darauf hinaus, daß das Proletariat geprellt werden soll. Die Fortschritte, die die proletarische Partei durch ein solches unabhängiges Auftreten machen muß, sind unendlich wichtiger als der Nachtheil, den die Gegenwart einiger Reaktionäre in der Vertretung erzeugen könnte. Tritt die Demokratie von vornherein entschieden und terroristisch gegen die Reaktion auf, so ist deren Einfluß bei den Wahlen schon im Voraus vernichtet.

Der erste Punkt, bei dem die bürgerlichen Demokraten mit den Arbeitern in Konflikt kommen werden, wird die Aufhebung des Feudalismus sein; wie in der ersten französischen Revolution werden die Kleinbürger die feudalen Ländereien den Bauern als freies Eigenthum geben, das heißt, das Landproletariat bestehen lassen und eine kleinbürgerliche Bauernklasse bilden wollen, die denselben Kreislauf der Verarmung und Verschuldung durchmacht, worin jetzt der französische Bauer noch begriffen ist.

Die Arbeiter müssen diesem Plane im Interesse des Landproletariats und in ihrem eigenen Interesse entgegentreten. Sie müssen verlangen, daß das konfiszirte Feudaleigenthum Staatsgut bleibt und zu Arbeiterkolonien verwandt wird, die das assoziirte Landproletariat mit allen Vortheilen des großen Ackerbaues bearbeiten und wodurch das Prinzip des gemeinsamen Eigenthums sogleich eine feste Grundlage mitten in den wankenden bürgerlichen Eigenthumsverhältnissen erlangt. Wie die Demokraten mit den Bauern, müssen sich die Arbeiter mit dem Landproletariat verbinden. Die Demokraten werden ferner entweder direkt auf die Föderativrepublik hinarbeiten oder wenigstens, wenn sie die eine und untheilbare Republik nicht umgehen können, die Zentralregierung durch möglichste Selbstständigkeit und Unabhängigkeit der Gemeinden und Provinzen zu lähmen suchen. Die Arbeiter müssen diesem Plane gegenüber nicht nur auf die eine und untheilbare deutsche Republik, sondern auch in ihr auf die entschiedenste Zentralisation der Gewalt in die Hände der Staatsmacht hinwirken. Sie dürfen sich durch das demokratische Gerede von Freiheit der Gemeinden, von Selbstregierung u. s. w. nicht irre machen lassen. In einem Lande wie Deutschland, wo noch so

viele Reste des Mittelalters zu beseitigen sind, wo so vieler lokaler und
provinzialer Eigensinn zu brechen ist, darf es unter keinen Umständen
geduldet werden, daß jedes Dorf, jede Stadt, jede Provinz der revolutionären Thätigkeit, die in ihrer ganzen Kraft nur vom Zentrum
ausgehen kann, ein neues Hinderniß in den Weg lege. — Es darf nicht
geduldet werden, daß der jetzige Zustand sich erneuere, wodurch die
Deutschen um ein und denselben Fortschritt in jeder Stadt, in jeder
Provinz sich besonders schlagen müssen. Am allerwenigsten darf geduldet
werden, daß eine Form des Eigenthums, die noch hinter dem modernen
Privateigenthum steht und sich überall nothwendig in dies auflöst, das
Gemeindeeigenthum und die daraus hervorgehenden Streitigkeiten zwischen
armen und reichen Gemeinden, sowie das neben dem Staatsbürgerrecht
bestehende Gemeindebürgerrecht mit seinen Chikanen gegen die Arbeiter
sich durch eine sogenannte freie Gemeindeverfassung verewige. Wie in
Frankreich 1793 ist heute in Deutschland die Durchführung der strengsten
Zentralisation die Aufgabe der wirklich revolutionären Partei.*)

Wir haben gesehn, wie die Demokraten bei der nächsten Bewegung
zur Herrschaft kommen, wie sie genöthigt sein werden, mehr oder weniger
sozialistische Maßregeln vorzuschlagen. Man wird fragen, welche Maßregeln die Arbeiter dagegen vorschlagen sollen? Die Arbeiter können
natürlich im Anfange der Bewegung noch keine direkt kommunistische
Maßregeln vorschlagen. Sie können aber:

1) Die Demokraten dazu zwingen, nach möglichst vielen Seiten hin in
die bisherige Gesellschaftsordnung einzugreifen, ihren regelmäßigen Gang
zu stören und sich selbst zu kompromittiren, sowie möglichst viele Produktivkräfte, Transportmittel, Fabriken, Eisenbahnen u. s. w. in den
Händen des Staates zu konzentriren.

---

*) Es ist heute zu erinnern, daß diese Stelle auf einem Mißverständ-
niß beruht. Damals galt es — Dank den bonapartistischen und liberalen
Geschichtsfälschern — als ausgemacht, daß die französische zentralisirte
Verwaltungsmaschine durch die große Revolution eingeführt und namentlich vom Konvent als unumgängliche und entscheidende Waffe bei Be-
siegung der royalistischen und föderalistischen Reaktion und des auswärtigen Feindes gehandhabt worden sei. Es ist jetzt aber eine bekannte
Thatsache, daß während der ganzen Revolution bis zum 18. Brümaire
die gesammte Verwaltung der Departements, Arrondissements und
Gemeinden aus, von den Verwalteten selbst gewählten, Behörden bestand,
die innerhalb der allgemeinen Staatsgesetze sich mit vollkommener Freiheit bewegten; daß diese, der amerikanischen ähnliche provinzielle und
lokale Selbstregierung grade der allerstärkste Hebel der Revolution wurde,
und zwar in dem Maß, daß Napoleon unmittelbar nach seinem Staatsstreich vom 18. Brümaire sich beeilte, sie durch die noch bestehende
Präfektenwirthschaft zu ersetzen, die also ein reines Reaktionswerkzeug
von Anfang an war. Ebensowenig aber, wie lokale und provinziale
Selbstregierung der politischen, nationalen Zentralisation widerspricht,
ebensowenig ist sie nothwendig verknüpft mit jener bornirten kantonalen
oder kommunalen Selbstsucht, die uns in der Schweiz so widerlich ent-
gegentritt und die 1849 alle süddeutschen Föderativrepublikaner in
Deutschland zur Regel machen wollten.

2) Sie müssen die Vorschläge der Demokraten, die jedenfalls nicht revolutionär, sondern blos reformirend auftreten werden, auf die Spitze treiben und sie in direkte Angriffe auf das Privateigenthum verwandeln, so zum Beispiel, wenn die Kleinbürger vorschlagen, die Eisenbahnen und Fabriken anzukaufen, so müssen die Arbeiter fordern, daß diese Eisenbahnen und Fabriken als Eigenthum von Reaktionären vom Staate einfach und ohne Entschädigung konfiszirt werden. Wenn die Demokraten die proportionelle Steuer vorschlagen, fordern die Arbeiter progressive; wenn die Demokraten selbst eine gemäßigte progressive beantragen, bestehen die Arbeiter auf einer Steuer, deren Sätze so rasch steigen, daß das große Kapital dabei zu Grunde geht; wenn die Demokraten die Regulirung der Staatsschulden verlangen, verlangen die Arbeiter den Staatsbankerott. Die Forderungen der Arbeiter werden sich also überall nach den Konzessionen und Maßregeln der Demokraten richten müssen.

Wenn die deutschen Arbeiter nicht zur Herrschaft und Durchführung ihrer Klasseninteressen kommen können, ohne eine längere revolutionäre Entwicklung ganz durchzumachen, so haben sie dießmal wenigstens die Gewißheit, daß der erste Akt dieses bevorstehenden revolutionären Schauspiels mit dem direkten Siege ihrer eigenen Klasse in Frankreich zusammenfällt, und dadurch sehr beschleunigt wird.

Aber sie selbst müssen das Meiste zu ihrem endlichen Siege dadurch thun, daß sie sich über ihre Klasseninteressen aufklären, ihre selbstständige Parteistellung sobald wie möglich einnehmen, sich durch die heuchlerischen Phrasen der demokratischen Kleinbürger keinen Augenblick an der unabhängigen Organisation der Partei des Proletariats irre machen lassen. Ihr Schlachtruf muß sein: Die Revolution in Permanenz.

London, im März 1850.

2) Ansprache derselben Zentralbehörde an den Bund vom Juni 1850.

Die Zentralbehörde an den Bund.

Brüder!

Wir haben in unserem letzten Rundschreiben, das der Emissär des Bundes Euch überbrachte, die Stellung der Arbeiterpartei und speziell des Bundes, sowohl im gegenwärtigem Augenblick wie für den Fall einer Revolution, entwickelt.

Der Hauptzweck dieses Schreibens ist der Bericht über den Zustand des Bundes.

Die Niederlagen der revolutionären Partei im vorigen Sommer lösten die Organisation des Bundes für einen Augenblick fast vollständig auf. Die thätigsten Bundesmitglieder, bei den verschiednen Bewegungen betheiligt, wurden versprengt, die Verbindungen hörten auf, die Adressen waren unbrauchbar geworden, die Korrespondenz wurde dadurch und durch die Gefahr der Brieferbrechung momentan unmöglich. Die Zentralbehörde war so bis gegen Ende des vorigen Jahres zur vollständigen Unthätigkeit verurtheilt.

In dem Maß, als die erste Nachwirkung der erlittnen Niederlagen allmälig aufhörte, trat überall das Bedürfniß nach einer starken geheimen Organisation der revolutionären Partei über ganz Deutschland hervor. Dies Bedürfniß, das bei der Zentralbehörde den Beschluß der Absendung eines Emissärs nach Deutschland und der Schweiz hervorrief, rief andererseits den Versuch einer neuen geheimen Verbindung in der Schweiz in's Entstehn, sowie den der Kölner Gemeinde von sich aus den Bund in Deutschland zu organisiren.

In der Schweiz traten gegen Anfang dieses Jahres mehrere aus den verschiedenen Bewegungen mehr oder weniger bekannte Flüchtlinge zu einer Verbindung zusammen, welche den Zweck hatte, im gelegenen Augenblick zum Sturz der Regierungen mitzuwirken und Männer in Bereitschaft zu halten, welche die Leitung der Bewegung und selbst die Regierung übernehmen sollten. Einen bestimmten Partei-Charakter trug diese Verbindung nicht, die buntscheckigen, in ihr vereinigten Elemente ließen dies nicht zu. Die Mitglieder bestanden aus Leuten aller Fraktionen der Bewegungen, von entschiedenen Kommunisten und selbst ehemaligen Bundesmitgliedern bis zu den zaghaftesten kleinbürgerlichen Demokraten und ehemaligen Pfälzer Regierungsmitgliedern.

Für die in der Schweiz damals so zahlreichen badisch-pfälzischen Stellenjäger und sonstigen untergeordneten Ambitionen war diese Vereinigung eine erwünschte Gelegenheit, emporzukommen.

Die Instruktionen, die diese Verbindung an ihre Agenten schickten und die der Zentralbehörde vorliegen, waren ebensowenig geeignet, Vertrauen einzuflößen. Der Mangel eines bestimmten Parteistandpunktes, der Versuch, alle vorhandenen oppositionellen Elemente in eine Scheinverbindung zu bringen, ist nur schlecht verdeckt durch eine Masse Detailfragen nach den industriellen, bäuerlichen, politischen und militärischen Verhältnissen der verschiedenen Lokalitäten. Die Kräfte dieser Verbindung waren ebenfalls sehr unbedeutend. Nach der vollständigen Mitgliederliste, die uns vorliegt, bestand die ganze Gesellschaft in der Schweiz in ihrer höchsten Blütezeit aus kaum 30 Mitgliedern. Es ist bezeichnend, daß die Arbeiter unter dieser Zahl fast gar nicht vertreten sind. Es war von jeher eine Armee von lauter Unteroffizieren und Offizieren ohne Soldaten. Darunter befinden sich A. Fries und Greiner aus der Pfalz, Körner aus Elberfeld, Sigel u. s. w.

Nach Deutschland haben sie zwei Agenten geschickt, der erste, Bruhn aus Holstein, Bundesmitglied, brachte es durch falsche Vorspiegelungen dahin, einzelne Bundesmitglieder und Gemeinden zu bewegen, sich einstweilen an die neue Verbindung anzuschließen, in der sie den wiedererstandenen Bund zu sehen glaubten. Er berichtete zu gleicher Zeit über den Bund an die schweizer Zentralbehörde in Zürich und über die schweizer Verbindung an uns. Mit dieser zwischenträgerischen Stellung nicht zufrieden, schrieb er, während er noch mit uns in Korrespondenz stand, an die erwähnten, für die Schweiz gewonnenen Leute nach Frankfurt direkte Verleumdungen und befahl ihnen, sich mit London in keinerlei Verbindungen einzulassen. Er wurde deswegen sogleich aus dem Bunde ausgestoßen. Die Angelegenheit in Frankfurt wurde durch den Bundes-Emissär geregelt. Im Uebrigen war Bruhn's Wirken für die schweizer Zentralbehörde erfolglos. Der zweite Agent, Studiosus Schurz aus Bonn, richtete nichts aus, weil, wie er nach Zürich schrieb, „er alle brauchbaren Kräfte schon in Händen des Bundes gefunden habe." Er verließ dann plötzlich Deutschland und treibt sich jetzt in Brüssel und Paris umher, wo er vom Bund überwacht wird. Die Zentralbehörde konnte in dieser neuen Verbindung um so weniger eine Gefahr für den Bund sehn, als im Zentralausschuß derselben ein durchaus zuverlässiges Bundesmitglied sitzt, das den Auftrag hat, die Maßregeln und Pläne dieser Leute, soweit sie gegen den Bund gehn, zu überwachen und mitzutheilen. Sie hat ferner einen Emissär in die Schweiz geschickt, um mit dem vorerwähnten Bundesmitgliede die brauchbaren Kräfte in den Bund zu ziehn und überhaupt den Bund in der Schweiz zu organisiren. Die gegebenen Mittheilungen beruhen auf durchaus authentischen Dokumenten.

Ein anderer Versuch ähnlicher Art ging früher schon von Struve, Sigel und Andern aus, die damals in Genf vereinigt waren. Diese Leute haben sich nicht gescheut, ihren Versuch einer Verbindung geradezu für den Bund auszugeben und die Namen von Bundesmitgliedern gerade zu diesem Zwecke zu mißbrauchen. Sie täuschten natürlich Niemand mit dieser Lüge. Ihr Versuch war in jeder Beziehung so erfolglos, daß die wenigen in der Schweiz gebliebenen Mitglieder dieser nie zu Stande gekommenen Verbindung sich schließlich an die erst erwähnte Organisation schließen mußten. Je ohnmächtiger diese Koterie aber war, desto mehr prunkte sie mit hochklingenden Titeln, wie „Zentralausschuß der Europäischen Demokratie" u. s. w. Auch hier in London hat Struve in Verbindung mit einigen anderen enttäuschten großen Männern diese Versuche fortgesetzt. Manifeste und Aufforderungen zum Anschluß an das „Zentralbureau der ganzen deutschen Emigration" und den „Zentralausschuß der Europäischen Demokratie" sind nach allen Theilen Deutschlands geschickt worden, doch auch diesmal ohne den geringsten Erfolg.

Die angeblichen Verbindungen dieser Koterie mit französischen und anderen nichtdeutschen Revolutionären existiren gar nicht. Ihre ganze Thätigkeit erstreckt sich auf einige kleine Intriguen unter den hiesigen deutschen Flüchtlingen, die den Bund direkt nicht berühren und die ungefährlich und leicht zu überwachen sind.

Alle solche Versuche haben entweder denselben Zweck wie der Bund, nämlich die revolutionäre Organisation der Arbeiterpartei; in diesem Falle vernichten sie die Zentralisation und die Kraft der Partei durch die Zersplitterung und sind daher entschieden schädliche Sonderbündeleien. Oder sie können nur den Zweck haben, die Arbeiterpartei abermals zu Zwecken zu mißbrauchen, die ihr fremd oder direkt feindlich sind. Die Arbeiterpartei kann unter Umständen sehr gut andere Parteien und Parteifraktionen zu ihren Zwecken gebrauchen, aber sie darf sich keiner anderen Partei unterordnen. Diejenigen Leute aber, die in der letzten Bewegung an der Regierung waren und ihre Stellung dazu benutzten, die Bewegung zu verrathen und die Arbeiterpartei, wo sie selbstständig auftreten wollte, niederzudrücken, diese Leute müssen unter allen Umständen ferngehalten werden.

Ueber die Lage des Bundes ist Folgendes zu berichten:

I. Belgien.

Die Organisation des Bundes unter den belgischen Arbeitern, wie sie 1846 und 1847 bestand, hat natürlich aufgehört, seitdem die Hauptmitglieder im Jahre 1848 verhaftet, zum Tode verurtheilt und zu lebenslänglicher Zuchthausstrafe begnadigt worden. Ueberhaupt hat der Bund in Belgien seit der Februarrevolution und seit der Vertreibung der meisten Mitglieder des deutschen Arbeitervereins aus Brüssel bedeutend an Stärke verloren. Die bestehenden Polizeiverhältnisse haben ihm nicht erlaubt, sich wieder zu erheben. Dennoch hat sich in Brüssel fortwährend eine Gemeinde erhalten, die auch heute noch besteht und nach Kräften wirkt.

II. Deutschland.

Die Absicht der Zentralbehörde war, in diesem Rundschreiben einen speziellen Bericht über die Lage des Bundes in Deutschland abzustatten. Dieser Bericht kann indeß im gegenwärtigen Augenblick nicht gegeben werden, da die preußische Polizei gerade einer ausgedehnten Verbindung unter der revolutionären Partei nachforscht. Dies Rundschreiben, das auf sicherem Wege nach Deutschland hinein gelangt, das aber auf seiner Verbreitung im Innern Deutschlands allerdings hier und dort in die Hände der Polizei fallen kann, muß deshalb so abgefaßt sein, daß sein Inhalt ihr keine Waffen gegen den Bund in die Hand gibt. Die Zentralbehörde beschränkt sich daher für diesmal auf Folgendes:

Der Bund hat seinen Hauptsitz in Deutschland in Köln, Frankfurt a/M., Hanau, Mainz, Wiesbaden, Hamburg, Schwerin, Berlin, Breslau, Liegnitz, Glogau, Leipzig, Nürnberg, München, Bamberg, Würzburg, Stuttgart, Baden.

Zu leitenden Kreisen sind ernannt:

Hamburg für Schleswig-Holstein; Schwerin für Mecklenburg; Breslau für Schlesien; Leipzig für Sachsen und Berlin; Nürnberg für Bayern; Köln für Rheinland und Westfalen.

Die Gemeinden in Göttingen, Stuttgart und Brüssel bleiben vorläufig in direkter Verbindung mit der Zentralbehörde, bis es ihnen gelungen ist, ihren Einfluß hinreichend auszudehnen, um neue leitende Kreise bilden zu können.

Die Bundesverhältnisse in Baden werden erst bestimmt werden nach dem Bericht des dorthin und in die Schweiz gesandten Emissärs.

Wo, wie in Schleswig-Holstein und Mecklenburg, Bauern- und Taglöhnervereine bestehn, ist es den Bundesmitgliedern gelungen, direkten Einfluß auf sie zu gewinnen und sie theilweise ganz in ihre Hand zu bekommen. Die sächsischen, fränkischen, hessischen und nassauischen Arbeiter- und Taglöhnervereine stehen ebenfalls größtentheils unter Leitung des Bundes. Die einflußreichsten Mitglieder der Arbeiterverbrüderung gehören auch dem Bunde an. Die Zentralbehörde macht alle Gemeinden und Bundesmitglieder darauf aufmerksam, daß dieser Einfluß auf die Arbeiter-, Turn-, Bauern- und Taglöhnervereine 2c. von der höchsten Wichtigkeit ist und überall gewonnen werden muß. Sie fordert die leitenden Kreise und direkt mit ihr korrespondirenden Gemeinden auf, in ihren nächsten Briefen speziell zu berichten, was in dieser Beziehung geschehen ist.

Der Emissär nach Deutschland, der für seine Thätigkeit ein Anerkennungsvotum von der Zentralbehörde erhielt, hat überall nur die zuverlässigsten Leute in den Bund aufgenommen und ihrer größeren Lokalkenntniß die Ausdehnung des Bundes überlassen. Es wird von den Lokalverhältnissen abhängen, ob die entschiedenen revolutionären Leute in den Bund aufgenommen werden können. Wo dies nicht möglich ist, muß aus den Leuten, welche revolutionär brauchbar und zuverlässig sind, welche aber noch nicht die kommunistischen Konsequenzen der jetzigen Bewegung verstehn, eine zweite Klasse von weiteren Bundesmitgliedern gebildet werden. Diese zweite Klasse, der die Verbindung als eine blos lokale oder provinzielle darzustellen ist, muß fortwährend unter der Leitung der eigentlichen Bundesmitglieder und Bundesbehörden bleiben. Mit Hülfe dieser weiteren Verbindungen kann der Einfluß namentlich auf die Bauernvereine und Turnvereine sehr fest organisirt werden. Die Einrichtung im Einzelnen bleibt den leitenden Kreisen überlassen, deren Bericht auch hierüber die Zentralbehörde baldigst entgegensieht.

Eine Gemeinde hat bei der Zentralbehörde auf sofortige Einberufung eines Bundeskongresses und zwar in Deutschland selbst angetragen. Die Gemeinden und Kreise werden selbst einsehn, daß unter den vorliegenden Verhältnissen selbst Provinzialkongresse der leitenden Kreise nicht überall rathsam sind, daß aber ein allgemeiner Bundeskongreß für jetzt durchaus unmöglich ist. Die Zentralbehörde wird jedoch, sobald es eben zulässig ist, einen Bundeskongreß an einen gelegenen Ort berufen. — Rheinpreußen und Westfalen sind vor Kurzem von einem Emissär des leitenden Kreises Köln besucht worden. Der Bericht über den Erfolg dieser Reise ist noch nicht in Köln eingetroffen. Wir fordern die sämmtlichen leitenden Kreise auf, sobald wie möglich in gleicher Weise ihre Bezirke durch Emissäre bereisen zu lassen und über den Erfolg baldmöglichst zu berichten. Schließlich theilen wir noch mit, daß in Schleswig-Holstein mit der Armee Verbindungen angeknüpft sind, der nähere Bericht über den Einfluß, den der Bund hier gewinnen kann, wird erwartet.

III. Schweiz.

Der Bericht des Emissärs wird noch erwartet. Genauere Mittheilungen werden daher erst im nächsten Rundschreiben gemacht werden können.

IV. Frankreich.

Die Verbindungen mit den deutschen Arbeitern in Besançon und den übrigen Orten im Jura wird von der Schweiz aus wieder angeknüpft werden. In Paris hat das Bundesmitglied, das seither an der Spitze der dortigen Gemeinden stand, Everbeck, seinen Austritt aus dem Bunde erklärt, da er seine literarische Thätigkeit für wichtiger hält. Die Verbindung ist daher momentan unterbrochen und ihre Wiederanknüpfung umsomehr Vorsicht geschehn, als die Pariser eine Anzahl Leute haben, die gänzlich unbrauchbar sind und sogar früher in gegen den Bund gestanden haben.

V. England.

Der Kreis London ist der stärkste des ganzen Bundes. Er hat sich namentlich dadurch ausgezeichnet, daß er seit mehreren Jahren die Kosten des Bundes, besonders die der Emissär-Reisen, fast ausschließlich aufgebracht hat. Er hat sich noch in der letzten Zeit durch Aufnahme neuer Elemente verstärkt und leitet fortwährend den hiesigen deutschen Arbeiterverein, sowie die entschiedne Fraktion der hier anwesenden deutschen Flüchtlinge.

Die Zentralbehörde steht durch einige hierzu delegirte Mitglieder in Verbindung mit der entschieden revolutionären Partei der Franzosen, Engländer und Ungarn.

Von den französischen Revolutionären hat sich namentlich die eigentliche proletarische Partei, deren Chef Blanqui ist, an uns angeschlossen. Die Delegirten der Blanqui'schen geheimen Gesellschaften stehen in regelmäßiger und offizieller Verbindung mit den Delegirten des Bundes, denen sie wichtige Vorarbeiten für die nächste französische Revolution übertragen haben.

Die Chefs der revolutionären Chartistenpartei stehen ebenfalls in geregelter intimer Verbindung mit den Delegirten der Zentralbehörde. Ihre Journale stehn uns zur Verfügung. Der Bruch zwischen dieser revolutionären selbständigen Arbeiterpartei und der mehr zur Versöhnung hinneigenden, von O'Connor geführten Fraktion ist durch die Delegirten des Bundes wesentlich beschleunigt worden.

In gleicher Weise steht die Zentralbehörde in Verbindung mit der fortgeschrittensten Partei der ungarischen Emigration. Diese Partei ist wichtig, weil sie viele ausgezeichnete Militärs enthält, die bei einer Revolution dem Bund zur Verfügung stehn würden.

Die Zentralbehörde fordert die leitenden Kreise zur schleunigsten Verbreitung dieses Schreibens unter ihre Mitglieder und zu baldigen Berichten auf. Sie fordert sämmtliche Bundesmitglieder auf zur größten Thätigkeit, gerade jetzt, wo die Verhältnisse so gespannt sind, daß der Ausbruch einer neuen Revolution nicht lange mehr ausbleiben kann.